◆ 一、研讨会会场

◆ 二、研讨会前，全国人大宪法和法律委员会主任委员李飞会见上海社会科学院法学研究所所长叶必丰（右三）、民政部社会组织管理局副局长廖鸿（左二）、上海市人大常委会原副秘书长钱富兴（左一）、上海社会科学院法学研究所前所长顾肖荣（右二）和上海国际商务法律研究会常务副会长成涛（右一）

◆ 三、研讨会开幕式由上海社会科学院法学研究所副所长杨鹏飞主持

◆ 四、上海社会科学院法学研究所所长叶必丰致欢迎辞

◆ 五、全国人大宪法和法律委员会主任委员李飞讲话

◆ 六、民政部社会组织管理局副局长廖鸿作主旨演讲

◆ 七、第一单元由上海国际商务法律研究会常务副会长成涛主持

◆ 八、上海交通大学国际与公共事务学院教授徐家良作
《中国行业协会的基本特征》的专题演讲

◆ 九、武汉大学法学院江国华教授作
《行业协会商会立法的理路与框架》的专题演讲

◆ 十、上海立法研究所副所长郑辉作
《〈上海市促进行业协会发展规定〉的制定及其主要内容》的专题演讲

◆ 十一、香港李伟斌律师行高级合伙人熊运信大律师作
《香港律师总会的自律规则》的专题演讲

◆ 十二、日本证券协会常务、自主规制本部长山内公明作《日本证券协会自主规制的构架》的主题演讲

◆ 十三、日本早稻田大学法学学术学院教授上村达男作《美英证券业规制中自律监管的变迁和作用》的主题演讲

◆ 十四、第二单元由上海汇业律师事务所管理合伙人廖明涛律师主持

◆ 十五、上海开发区协会常务副会长赵海作

《加强行业协会自律的实践和体会》的专题演讲

◆ 十六、上海金茂凯德律师事务所创始合伙人、一级律师李志强作
《国际非政府组织自律规制对我国的启示》的专题演讲

◆ 十七、上海申迪（集团）有限公司总监邱一川 作
《迪士尼自律规范对加强我国行业协会自律的启迪》的专题演讲

◆ 十八、第三单元由上海天尚律师事务所管理合伙人詹德强律师主持

◆ 十九、中国互联网金融协会会员部副主任庞金峰作
《中国互联网行业协会自律建设的做法》的专题演讲

◆二十、上海市社会团体管理局副局长曾永和作
《上海制定和实施行业协会自律规范的实践》的主题演讲

◆二十一、上海交通（大众）集团董事长、上海小额贷款公司协会
理事长杨国平作《行业协会的功能和自身建设》的专题演讲

◆ 二十二、中国证券投资基金业协会党委书记、会长洪磊作《私募基金自律管理的逻辑》的专题演讲

◆ 二十三、上海社会科学院法学研究所张艳博士作《我国私募投资基金的行业自律规则》的专题演讲

◆二十四、上海爱建集团股份有限公司党委书记、副董事长范永进作《做好金融行业协会自律应处理好四对关系》的专题演讲

◆二十五、李飞主任委员会见研讨会协办单位上海汇业律师事务所管理合伙人廖明涛律师

◆ 二十六、李飞主任委员会见研讨会主办者上海社会科学院法学研究所杨鹏飞副所长

◆ 二十七、李飞主任委员会见研讨会协办者上海天尚律师事务所管理合伙人詹德强律师

◆ 二十八、李飞主任委员会见上海申迪（集团）有限公司总监邱一川

◆ 二十九、李飞主任委员会见顾肖荣（右二）、范永进（左三）、杨国平（右三）、廖明涛（右四）等

◆ 三十、部分与会代表合影

总主编　杨鹏飞　李志强　黄来纪　　　　《公司法研究》丛书之十一

推进我国行业协会商会自律法制建设研究

主　编　廖明涛　詹德强

中国民主法制出版社
全国百佳图书出版单位

图书在版编目（CIP）数据

推进我国行业协会商会自律法制建设研究 / 杨鹏飞等主编. —北京：中国民主法制出版社，2019. 1

ISBN 978-7-5162-1972-0

Ⅰ. ①推… Ⅱ. ①杨… Ⅲ. ①行业协会－管理－法律－研究－中国②商会－管理－法律－研究－中国 Ⅳ. ①D922. 291. 914

中国版本图书馆 CIP 数据核字（2019）第 012362 号

图书出品人：刘海涛
全 案 统 筹：乔先彪
责 任 编 辑：陈　曦　姜园园

书　名 / 推进我国行业协会商会自律法制建设研究
总主编 / 杨鹏飞　李志强　黄来纪
主　编 / 廖明涛　詹德强

出 版 · 发 行 / 中国民主法制出版社
地 址 / 北京市丰台区玉林里 7 号（100069）
电 话 /（010）63055259（总编室）　63057714（发行部）
传 真 /（010）63056975　63056983
http：//www. npcpub. com
E-mail：mzfz@ npcpub. com
经 销 / 新华书店
开 本 / 32 开　880 毫米×1230 毫米
印 张 / 6. 5　**字数** / 147 千字
版 本 / 2019 年 1 月第 1 版　2019 年 1 月第 1 次印刷
印 刷 / 北京中兴印刷有限公司

书 号 / ISBN 978-7-5162-1972-0
定 价 / 49. 00 元

谨将此书献给尊敬的
公司法跟踪研究[①]的创导者

——全国人大常委会法制工作委员会副主任

卞耀武先生以志挽怀和纪念

---

① 卞耀武先生就读于华东政法学院，毕业后分配到青海工作。1985 年 7 月起，历任青海省副省长、党组副书记，青海省委常委、省人民政府副省长。1991 年 9 月任全国人大常务委会法制工作委员会副主任。1994 年 3 月 6 日，我们向卞主任请教如何学习和实施公司法时，他说上海最好组织立法、司法和法学研究工作者及企业行政管理部门与公司经营者一起来跟踪研究公司法实施中遇到的问题并提出解决问题的建议。为此，从那年起我们每年举办跟踪研究式的公司法研讨会，迄今已举办了 24 届，并把研讨成果编成《公司法研究》系列丛书，至今已出版了 10 辑。2018 年 4 月 13 日，卞耀武先生因病医治无效不幸逝世，享年82 岁。为感谢卞耀武先生对我国法治建设的贡献，对公司法研究的关心和支持，我们谨将此书献给他，以志挽怀和纪念。

策研人员

一、总策划　总顾问

李　飞　全国人大宪法和法律委员会主任委员

廖　鸿　民政部社会组织管理局副局长

叶必丰　上海社会科学院法学研究所所长

曾永和　上海市社会团体管理局副局长

二、策　划

廖　明　民政部社会组织管理局处长

顾肖荣　上海社会科学院法学研究所前所长

成　涛　上海国际商务法律研究会常务副会长

徐家良　上海交通大学国际与公共事务学院教授

范永进　上海爱建集团股份有限公司党委书记、副董事长

杨国平　上海交通（大众）集团董事长、上海小额贷款公司协会理事长

三、总主编

杨鹏飞　上海社会科学院法学研究所副所长

李志强　上海金茂凯德律师事务所创始合伙人、一级律师

黄来纪　上海社会科学院法学研究所研究员

四、主　编

廖明涛　上海汇业律师事务所管理合伙人

詹德强　上海天尚律师事务所管理合伙人

五、执行编辑

吴晓丽　上海天尚律师事务所律师

史　聪　上海社会科学院法学研究所研究生

张　钰　上海汇业律师事务所律师

序言一[1]

尊敬的国内外嘉宾大家早上好！诚挚欢迎各位参加由我们上海社会科学院法学研究所主办的“推进我国行业协会商会自律法制建设学术研讨会”。

上海社科院法学研究所成立于 1959 年，是我国成立很早的法学研究机构。在将近 60 年的发展中，我所在很多方面为国家的法治建设和地方的法治建设作出过贡献。在早期，我们在一大批老前辈和许多著名学者的带领下，不仅作出了许多具有填补空白意义的学术成果，而且培养了许多优秀的法律人才。在中期，为保证香港顺利回归，我所承担了国务院港澳办交办的审查和甄别香港原有法律中哪些与香港基本法相抵触的重要任务，在大家的共同努力下，较好地完成了任务，得到了国务院港澳办的表扬和嘉奖。在后期，我所的刑法学科在前所长顾肖荣的带领下得到了快速发展，并成为上海的重点学科，特别是经济刑法在全国也是独树一帜。近期，在院领导的直接领导之下，我所主要从事应用研究，其中决策咨询研究是重点。目前，国家挑选了 25 家单位为国家高端智库研究单位，除北京以外，我们上海社科院，复旦大学和武汉大学也是国家高端智库研究单位。现在我们法学所与全院 15 家研究所一起，主要作决策咨询的应用研究。我所承

---

① 这是上海社会科学院法学研究所所长叶必丰在“推进我国行业协会商会自律法制建设学术研讨会”上的欢迎辞。

担的法治中国大数据分析的决策咨询的应用研究，已有一些阶段性的研究成果，后续会正式发布研究报告。这个研究报告的内容主要包括平安中国、诚信社会、法治政府三方面。

组织立法部门、司法部门、法学研究工作者、企业行政管理部门和公司经营者，跟踪研究公司法实施中遇到的理论和实际问题，并针对这些问题进行研讨且提出解决问题的方法，供国家立法机关参考，这是我所的传统。这种跟踪研讨会始于公司法实施的当年，即1994年，之后每年举办一次，到2018年已举办了24届，全国人大宪法和法律委员会主任委员李飞每年参加研讨，从不缺席。当然，公司法研讨会是在全国人大宪法和法律委员会主任委员李飞的指导下开展的，所以每次确定的主题都是国家当前急需解决的重点和热点问题。同时，由于这种跟踪式的研究理论紧密联系实际，所以不少研究成果已为人大常委会法工委采纳，研讨效果较好。当然，这次研讨的行业协会商会自律法制建设研究课题，恐怕大家都认识到这是非常重要的课题。我国国家机构正在改革，政府职能正在转变，原来行政监管职能有一些恐怕逐渐要转移给行业协会来行使。但是，目前我国还没有专门调整行业协会的法律。所以，将“推进我国行业协会商会自律法制建设研究”作为这次研讨会主题，是完全符合现实法治建设需求的。

序言二[①]

首先，我对会议的召开表示热烈的祝贺，对举办研讨会的上海社会科学院法学研究所和承办会议的上海汇业律师事务所、上海天尚律师事务所的共同努力表示衷心感谢，对参加会议的中央有关部门、上海有关部门的领导和专家学者，特别是远道而来参加研讨会的日本早稻田大学的上村达男教授，日本证券协会常务、自主规制本部长山内公明，我国香港特别行政区熊运信大律师表示热烈的欢迎。

就像刚才叶必丰所长所说的那样，上海社科院法学所有一个很好的传统，即每年就我国法治建设中遇到的一些重大课题开展实务和理论相结合的研究。这个传统始于1994年公司法的实施。为推进公司法更好地实施，时任全国人大常委会法工委会副主任的卞耀武先生建议请上海社科院法学所牵头，组织立法、司法、法学研究和法学教育、企业行政管理部门及公司经营者等共同来研究公司法实施中遇到的问题并提出解决问题的方法供国家立法机关参考。从那以后，每年法学所举办的研讨会我都来参加，连续24年从未间断。在研讨中我学到了很多东西，所以我是抱着学习的态度来参加每次研讨会。由于这种跟踪研究理论紧密联系实际且又提出解决问题的方法，所以，其研讨成果确实为我国的

① 这是全国人大宪法和法律委员会主任委员李飞在“推进我国行业协会商会自律法制建设学术研讨会”上的讲话。

法治建设特别是完善公司法有很大的参考作用。我记得 2005 年在全国人大常委会对公司法作重大修改前夕，我们与德国阿登纳基金会合作，举办了一个非常好的研讨会，后来我国公司法关于法人人格否认制度的规定，就是根据那次研讨会的研讨成果和有关建议作出的。另外，我们与日本专家先后比较集中地开了两次研讨会，特别是上村达男教授和日本证券交易所的专家所提的咨询意见，对我国修改公司法、证券投资基金法有很好参考价值。

我们研讨的关于“推进我国行业协会商会自律法制建设研究”的主题，是我根据党的十九大“政事分开、事企分开、管办分离”的精神，在 2017 年研讨的“商事制度改革与企业诚信经营法制建设研究”的基础上提出的，作为 2018 年第 24 届公司法系列研究会的主题。大家知道，在过去，政府不但监管市场，而且监督市场主体的一切活动。党的十八大以来，特别是十八届三中全会提出全面深化改革以来，政府对市场的监管逐步放开了，政府和国有企业的许多管理社会的职能逐步转移给行业协会。在这个过程中，行业协会出现了两种情况，一种是其名称虽叫行业协会，但是在很大程度上仍沿用行政手段来处理行业事务；另一种是基本上成为行业自律组织，这是符合党的十九大关于“政事分开、事企分开、管办分离”的精神的。我们开这个研讨会，就是想从法治特别是想从行业自律角度来推进行业协会的建设，以促进它的健康发展。

应会议主办者的要求，下面我就全国人大新设立的宪法和法律委员会的情况作一些介绍。大家知道，十三届全国人大第一次会议按照宪法规定产生了新一届的十个专门委员会，即在以前九个委员会的基础上更名了两个专门委员会、新设了一个专门委员会。就是将原来的法律委员会更名为宪法和法律委员会，将原来的内务司法委员会更名为监察和司法委员会，新设了社会建设委员会。这不仅是国家机构改革的重大举措，而且也是全国人大及其专门委员会的机构设置的重大措施。

设立宪法和法律委员会是贯彻落实党的十九大和十九届一中、二中、三中全会精神的重要措施，意义非凡。将法律委员会更名为宪法和法律委员会的目的是为了弘扬宪法精神，增强宪法意识，维护宪法权威，加强宪法的实施和监督。宪法和法律委员会设立以后，按照党中央的要求，在统一审议法律草案的基础上，增加了推动宪法实施，加强宪法监督，配合宪法宣传等职责。由于宪法和法律委员会的日常工作还是代表大会和常委会履行立法权提供服务，所以统一审议法律案还是它的日常工作。当然，既然叫宪法和法律委员会，那么，就要增加涉及宪法实施和监督方面的工作，包括合宪性审查、宪法解释、对宪法实施的监督以及宪法的宣传。

就委员人数来说，我们这个委员会共有 19 位组成人员，即 1 位主任委员、7 位副主任委员和 11 位委员。在 19 位成员中，有法律专业背景的有 15 位，这是历届法律委员会组成人员中有法律背景的委员人数最多的。就委员的法律专业构成来说，在这 15 位委员中，有来自学术研究机构、司法机关、律师界、立法机构的资深专家。这个委员会的日常工作主要是统一审议法律案，并向全国人民代表大会及其常委会提出审议报告。在宪法监督、宪法实施的保障职能方面，相继在全国人大常委会法工委增设备案审查室和宪法室，采取主动审查和被动审查相结合的方式，对法律法规、司法解释和其他规范性文件的合宪合法性进行审查，如发现有违法甚至违宪的情况，都要采取一定的方式进行处理。

最后，预祝此次研讨会取得圆满成功。

序言三[①]

政府引导、行业自律、企业竞争，是我国经济健康快速发展的重要运行保障机制之一。相对于政府引导和企业竞争，行业协会商会作为一类重要的社会组织和特殊的社会调节机制，在政府和企业中间建立桥梁和纽带，通过对企业会员的行为引导、规则约束、沟通协调、权益维护等功能的发挥，为建立有序的市场秩序、提升行业整体利益提供服务，在经济和社会治理中具有不可取代的独特优势。古今中外，商品经济的发展进步，无不是商品因商人而汇集，市场因商品而繁荣，产业因市场而兴旺，商人因商会而类聚。

党的十八大以来，以习近平同志为核心的党中央，在统筹推进“五位一体”总体布局和协调推进“四个全面”战略布局伟大历史进程中，对行业协会商会健康发展、作用发挥给予了高度重视，对行业协会商会的改革发展作了系统安排。

一是提升行业协会商会发展地位。党的十九届三中全会通过的《中共中央关于深化党和国家机构改革的决定》，将包括行业协会商会在内的社会组织与人大、政府、政协、监察机关、审判机关、检察机关、人民团体、企事业单位，共同作为党统一领导

---

① 这是民政部社会组织管理局廖鸿副局长在“推进我国行业协会商会自律法制建设学术研讨会”上作的《深化改革充分发挥行业协会商会在行业治理中积极作用》主旨演讲。

下的重要治理主体，纳入国家治理体系，要求协调行动，增强合力。中央将社会组织新阶层人士的统战工作，列入新形势下统战工作的重点内容，要求稳步推进社会组织协商，助推协商民主广泛、多层、制度化发展。2013 年以来，国务院先后取消社会团体筹备成立的审批，社会团体分支机构、代表机构的登记和备案，全国性社会团体会费标准备案，外国商会登记的商务部前置审批等，为社会团体释放了发展空间。在政社分开、权责明确、依法自治的现代社会组织体制建立过程中，行业协会商会作为重点培育、优先发展的社会组织，先行实施脱钩改革和直接登记。

二是加强行业协会商会发展顶层设计。2007 年 5 月，《国务院办公厅关于加快推进行业协会商会改革和发展的若干意见》（国办发〔2007〕36 号），坚持培育发展和管理监督并重，提出行业协会商会改革发展的指导思想和总体要求。2016 年，《中共中央办公厅、国务院办公厅关于改革社会组织管理制度促进社会组织健康有序发展的意见》，就社会组织管理制度改革作出一系列重要部署，为我国当前和今后一个时期社会组织工作提供了基本方向。2017 年 3 月，全国人大制定的民法总则，明确了行业协会商会等各类社会组织的法人地位。各地积极探索推进行业协会商会立法工作，广东、上海、江苏、云南、深圳等地出台了行业协会地方性法规，二十多个省市出台了行业协会地方政府规章，为地方行业协会商会规范发展提供法律保障。

三是加大行业协会商会扶持力度。2013 年 9 月，《国务院办公厅关于政府向社会力量购买服务的指导意见》（国办发〔2013〕96 号），正式在国家层面确立了我国政府购买公共服务制度，2016 年 12 月，经国务院同意，《财政部、民政部关于通过政府购买服务支持社会组织培育发展的指导意见》（财综〔2016〕54 号），明确了通过政府购买服务支持社会组织培育发展的总体要求、主要政策及保障措施。2016 年 1 月，《司法部、中央综治办、最高人民法院、民政部关于推进行业性专业性人民调解工作的指导意见》（司发通〔2016〕1号），赋予行业协会商会参与人民调解的权利。2017年12月，质检总局、国家标准委、民政部组织联合下发《团体标准管理规定（试行）》（国质检标联〔2017〕536号），鼓励依法成立的社会团体制定团体标准，填补国家标准、行业标准和地方标准的空白。2017年12月25日，《财政部、税务总局关于租入固定资产进项税额抵扣等增值税政策的通知》（财税〔2017〕90号）第八条规定，自2016年5月1日起，社会团体收取的会费，免征增值税。本通知下发前已征的增值税，可抵减以后月份应缴纳的增值税，或办理退税。2018年2月，《财政部、税务总局关于非营利组织免税资格认定管理有关问题的通知》（财税〔2018〕13号），大幅度降低了行业协会商会申请免税资格的门槛。

四是强化行业协会商会党建工作。2015年9月，中共中央办公厅印发《关于加强社会组织党的建设工作的意见（试行）》，标志着社会组织党建工作进入了制度化、规范化、科学化的新阶段。各级民政部门充分认识加强社会组织党建工作的重要性、紧迫性，将其摆上重要议程，并利用登记、年检、评估等手段着力推动社会组织党建工作，加大社会组织党组织的组建力度，推进社会组织党的组织和党的工作有效覆盖，在行业协会商会与行政机关脱钩改革中，建立专门的党建领导机构负责脱钩后行业协会商会党建工作，确保脱钩试点协会商会党建工作不断档，党建管理关系调整无缝对接，并同步扩大脱钩试点协会党的组织和工作覆盖面。截至目前，2300余家全国性社会组织在党的十九大召开前实现了党的组织和党的工作“两个全覆盖”，地方社会组织两个覆盖率也已超过50%，切实发挥了社会组织党组织的政治核心和战斗堡垒作用，确保了行业协会商会发展的正确政治方向。

五是开展行业协会商会脱钩改革。行业协会商会与行政机关脱钩，是党中央、国务院确定的重要改革任务。2015 年 7 月 8 日，中共中央办公厅、国务院办公厅印发《行业协会商会与行政机关脱钩总体方案》（以下简称《总体方案》），对行业协会商会脱钩改革作了全面部署和安排。两年多来，行业协会商会脱钩试点工作稳妥推进，进展顺利，截至目前，中央层面，全国性行业协会商会三批脱钩试点工作已经全部梯次有序展开，近 400 家全国性协会商会顺利脱钩，占全国性协会商会总数的 50%，地方层面，已有 5144 家省级协会商会完成脱钩，超过省级协会商会总数的 50%，行业协会商会与行政机关脱钩改革即将全面推开。经过近 3 年的脱钩改革试点，逐步厘清了行业协会商会与行政机关的职能边界，激发了行业协会商会脱钩后的内在活力和发展动力，构建了行业协会商会与政府部门新型合作关系，确立了行业协会商会新型管理体制和运行机制的基本制度框架。

六是加强行业协会商会综合监管。国家发展改革委、民政部、中央组织部、中央直属机关工委、中央国家机关工委、外交部、财政部、人力资源社会保障部、国务院国资委、国家机关事务管理局联合印发《行业协会商会综合监管办法》，对协会商会治理机制、资产财务、服务业务、纳税收费、信用信息、党建执纪作出了规定，确立了综合监管和管理服务的基本框架和主要内容。政府监管方面，从不同领域、不同层面规范行业协会商会行为，在行业协会商会领域先后开展了“清理和规范评比达标表彰”“规范行业协会、市场中介组织服务和收费”“小金库治理”“治理和规范涉企收费”等专项工作，民政部、公安部联合部署打击整治非法社会组织专项行动，持续曝光了 5 批 307 家非法社会组织，各地取缔、劝散非法社会组织 300 多个。2013 年以来，全国民政系统对社会组织违法行为作出上千项行政处罚，有力地遏制了行业协会商会违法违规行为，增强了行业协会商会依法运作能力。社会监督方面，出台《社会组织信用信息管理办法》，建立社会组织异常名录和“黑名单”制度，完善行业协会商会等社会组织信用体系建设，建立或利用公共信息平台，向社会发布行业协会商会管理信息，畅通新闻媒体、社会公众监督行业协会商会的渠道，完善投诉举报受理机制。协会自治方面，强化行业协会商会主体责任，健全以章程为核心的现代法人治理机构，落实民主选举制度，缩小常务理事会规模，规范民主议事和决策机制，严格财务管理，强化分支（代表）机构管理，加强人才队伍建设。

应该说，经过多年的实践，我国行业协会商会总体素质逐步提高，结构逐步优化，功能逐步健全，各类行业协会商会在助推经济发展转型升级、促进政府职能转变、提供社会服务、创新社会治理、加强行业自律、扩大对外交往等方面发挥着重要作用。当然，在肯定成绩的同时，我们也必须看到，由于多种原因，目前我国行业协会商会的发展还存在一些问题，比如，党组织核心地位不强、职能定位模糊、权利义务不清、资产属性不明、治理结构不健全、队伍能力建设有待提高、公众认知也存在一定误区。我认为，当前突破行业协会商会发展困境，亟须行业协会商会立法工作的同步跟进，对行业协会商会改革和发展予以专门法治保障。

我国行业协会商会的立法工作源远流长。1902 年，上海成立“上海商业会议公所”，是我国近代商会的雏形。1903 年，清政府设立商务部，1904 年颁布《奏定商会简明章程》，为我国近代最早的商会立法。1914 年，北洋政府颁布《商会法》。1927 年，重新修订颁布《商会法》《商会法实施细则》。这期间，我国商会组织发展较快。当前，我国面临深化改革、扩大开放的新形势，推进行业协会商会立法显得更为迫切。一方面党中央、全国人大、国务院出台了许多法律法规、政策文件，中央各部门、地方政府出台的部门规章、规范性文件，另一方面多数省份出台了行业协会商会地方法规，如2002年《上海市促进行业协会发展规定》，2005年《广东省行业协会条例》，打下了良好基础。通过立法形式确立行业协会商会的内涵、性质、职能，解决行业协会商会是什么，行业协会商会做什么，行业协会商会怎么做的问题，推动行业协会商会实现依法设立、自主办会、服务为本、治理规范、适度竞争、行为自律，成为决胜全面建成小康社会，全面建设社会主义现代化国家的重要力量。这是当前行业协会商会迫切需要解决的重大问题。

目　录

第一章　行业协会商会自律理论问题研究

第一节　中国行业协会的基本特征[①]

行业协会作为市场经济发展的必然产物。它是市场经济主体为了表达自身的愿望与要求，维护共同的经济利益和社会利益而组成的行业自律性、非营利性的社会团体法人，它具有协调市场各行业主体的合法利益、提高市场配置资源的效率和维护市场经济运行秩序的功能，是市场经济体系的重要组成部分。2001 年中国加入世界贸易组织之后，行业协会在中国社会发展中的地位越来越突出，尤其在反倾销、反补贴起诉和应诉中的作用也越来越重要。这样，就有必要从理论上继续深化对行业协会性质、职能、运行规范和管理体制的研究，而且，在行业协会内部性质、职能配置、管理机构、运行规范等一系列要素当中，职能配置相对而言显得尤其重要，它在一定程度上决定了行业协会发挥作用的高低强弱，影响着行业协会的结构安排与整体运行机制。因此，在对行业协会权力来源进行一定探讨的基础上，根据中国国情和客观状况，概括出中国行业协会双重赋权的基本特征，在此

---

① 本文作者：徐家良，上海交通大学国际与公共事务学院教授，博士生导师。主要从事社会组织和公民社会研究。原文发表在《天津行政学院学报》2003 年第 1 期，题目为《双重赋权：中国行业协会的基本特征》。征得作者同意，收录时略有增减。

前提下，有针对性地比较法律法规中的职能规定与客观事实上的职能规定，使行业协会发挥出市场经济所需要的不可或缺的作用，构建起政府、市场和社会三者有机和谐的统一体。

一、行业协会出现的时代背景与路径依赖

改革开放以来，不仅私营企业有了一定的自由度，国有企业也有了一定的自主权，并且政府也从管不了、管不好的事务中逐渐退却出来，放权和还权于企业和社会，在这样的时代背景下，私营企业、国有企业和三资企业都需要依靠组织的力量来维护行业利益，拓展企业的发展空间，政府也需要把放权和还权的职能转移给相关的组织，由此，行业协会为满足政府需求、企业需求和社会需求三种需求应运而生，逐渐展示其在政府、企业与社会三者之间不可或缺的主体地位，发挥出应有的社会中介组织的作用。

不过，中国行业协会的出现，如果以动力源作为分析的一个视角，可以分为三种基本路径：一是企业自主推动的行业协会；二是政府主导推动的行业协会；三是政府与企业合力推动的行业协会。①

由企业自主推动的行业协会，一般来说，既与工商联的活动有较大联系，又与市场经济发育程度密切有关。自 1953 年中华全国工商业联合会（又称中国民间商会）成立，全国各地都相继

---

① 不同学者有不同的归纳，有三种代表性的观点：一说是有两种生成途径，指自上而下的官方途径和自下而上的民间途径。见王名、李长文：《中国 NGO 能力建设：现状、问题及对策》。一说是三种生成途径，指自上而下、自下而上和外部输入。参见康晓光：《权力的转移——转型时期中国权力格局的变迁》，浙江人民出版社 1999 年版，第 110 页、第 219 页。一说是四种生成途径，指体制外途径生成、体制内途径生成、体制内外结合产生、法律授权产生。见余晖等著：《行业协会及其在中国的发展：理论与案例》，经济管理出版社 2002 年版，第 21—27 页。

成立了工商联。各级工商联既是具有参政议政的人民团体，又是具有多种服务职能的民间商会，依靠同业公会和行业商会加强当地非公有制企业之间的联系，促进非公有制经济的发展。但仅仅有工商联组织还不具备促进行业协会持续发展的充要条件，还需要有私营经济发育良好的必要条件。私营经济发展较快的地区，往往是市场经济发展成熟较快的地区，企业与政府没有严格的依附关系，企业完全拥有生产、经营、销售的自主权。但企业在发展过程中，碰到同行业内部价格上的相互倾轧与产品质量问题，在这样的状况下，企业组织出于维护自身利益和市场秩序的需要，被迫产生组建行业协会的冲动。市场经济较发达的沿海地区逐渐由企业自主地发起组织了一些行业协会，尝试用行业自律的方式规范市场行业秩序。显然，在这种背景下所成立的行业协会，其动力源就在于企业本身，其他的因素，如政府提供帮助或指导仅仅是动力源的外部因素。

政府主导推动的行业协会，有可能在计划经济的特殊时期出现，但出现数量较多的时期应该是市场经济阶段政府职能转变时期。新中国成立初期，考虑到国内外形势的需要，1952 年成立了中国国际贸易促进会，简称中国贸促会，又称中国国际商会。它对内是政府机构，对外是民间团体。这是新中国成立后最早的由政府推动成立的行业协会。1978 年到 1984 年间，随着以扩大企业自主权为主要特征的企业改革的深入，针对部门管理各自为政的状况，开始借鉴国外行业协会的经验，1980 年经国务院批准成立中国包装技术协会和中国食品协会。这是政府推动行业协会的起步阶段。不久，政府与企业间的行政隶属关系越来越松动，大量的行业协会应运而生，特别是党的十四大提出建立社会主义市场经济体制目标之后。1993 年国务院机构改革时，对工业管理体制进行调整，将专业经济部门改为三类：一类是经济实体，不再承担政府管理职能。如撤销航空航天工业部，组建中国航空工业总公司和中国航天工业总公司。一类是保留或新设的行政部门，主要职能是行业规划、协调、监督与服务。一类是行业总会，作为国务院的直属事业机构，代行政府行业管理的职能。通过机构改革与职能调整，大大削减专业经济管理部门，使专业经济管理由过去偏重条条性的部门管理向偏重综合性的行业管理转化。这样，从政府职能中逐渐剥离出一些职能转交给行业协会，使行业协会在政府的主导下得以产生。

政府与企业合力推动的行业协会，不像企业自主推动和政府主导动力源那样单一，而是在行业协会的组建过程中，政府与企业都倾注了大量的精力，很难分清到底是企业还是政府起了主导作用，可以说是企业和政府合力推动的产物。

但不论是企业自主推动，还是政府主导推动和政府与企业合力推动的行业协会，都说明这样一个事实：只有市场经济的有序发展，只有企业和政府真正需要行业协会的时候，才能使行业协会真正发挥它的积极作用。事实证明，在中国，行业协会的出现，不是像西方那样只仅仅满足企业的需要，而是在或者满足企业需要或者满足政府需要的过程中，才有产生组建行业协会的冲动，不论是企业的冲动还是政府的冲动，都是合理性的行为，因此，仅仅用企业自主的一种标准来衡量行业协会的形成可以说是不合乎中国客观实际的。①

---

① 这可以从行业协会定义中的“自愿”这一特性中反映出来。在中国，对企业来说，不论是自愿的，还是不自愿的，其结果都是一样的，行业协会诞生了。因此，中国的情况不能简单地套用西方的企业自愿性，应该从中国的实际状况出发来分析与西方存在着不同差异的社会政治现象。目前，不少的定义包括行政管理法规和地方性法规中都提到“自愿性”，它恰恰反映的是中国实际状况的一部分，而不是全部。笔者认为，“自愿性”不能反映中国行业协会的全部，因此，不能将此概括为行业协会的基本特点。《温州市行业协会管理办法》（1999 年）规定：行业协会是指由同一行业的企业、个体商业者及相关的企事业单位自愿组织的民间性、自律性、非营利性社会团体法人。《上海市促进行业协会发展规定》（2010 年）第二条规定：本规定所称的行业协会，是指由同业企业以及其他经济组织自愿组成、实行行业服务和自律管理的非营利性社会团体。

二、行业协会的双重关系

既然，行业协会的产生，不仅要满足企业的需要，而且还要满足政府的需要，那么，就会出现另外一个问题，行业协会与企业、行业协会与政府又是一种什么样的关系，从它们的关系中是否可以找到行业协会与企业、政府的内在逻辑关联。

（一）行业协会与企业的关系

一个地区的市场化进程，是行业协会发展的重要前提。同时，行业协会的发展水平反映着地区市场化水平和经济规模。行业协会服务的第一对象是企业，为参加协会（也包括未参加协会）的企业提供周到的服务，这是协会应履行的职责，也是协会存在的前提和发展的基础。行业协会要真正解决生存发展、职责范围、社会地位及工作经费等问题，关键是要向企业提供它们从政府和其他社会部门所得不到的服务。只有在此基础上，企业才有履行交纳会费、支持协会活动等义务。

这样，维系行业协会与企业良好关系的基本要求应该是：生产、加工和销售性事务由企业自行承担，即营利部分由企业来进行；行业协会的任务是协助企业做好生产、加工和销售工作，为企业最大限度获取利益提供各种服务。当然，行业协会开展一些活动，可能也会涉及营利部分。但这种营利，一方面不能与企业争利，另一方面又不能以营利为目的，直接参与利润分红活动，它的工作仅仅是提供服务，维护企业的更大利益。

（二）行业协会与政府的关系

政府是行业协会发展的外部组织，处理好行业协会与政府的关系是确保行业协会职能建设的关键性因素之一。政府是一个拥有强制力并以强制力为后盾处理社会公共事务的国家公共权力机关，是市场经济的执法者和行为规范的调节者，但不是企业和社会团体（包括行业协会）的上级主管部门。为了适应中国特色社会主义市场经济建设，政府需要逐渐转变职能，从微观的直接管理层面退出，转向间接的宏观调控，主动地把一部分的经济管理权交给行业协会来行使。

行业协会是企业为了维护自身的利益而依法设立的具有独立主体地位的非营利性社团法人。政府与行业协会应该是两个具有独立法人地位的主体，它们之间的关系是合作伙伴关系，既不是上下级关系，也不是指导与被指导、领导与被领导的关系。行业协会与政府的关系应该是“授权—合作”关系，但在现阶段，协会的发展更需要政府去推动，并依靠行业协会的自律、自治实现行业资源的有效配置，所以它所体现的“授权—合作”关系不是建立在理性的分权基础上，而是应该建立在客观存在的相对集中基础上。①

行业协会与政府关系定位决定着行业协会与政府在管理行业公共事务职能上的适度分工。当然，行业协会数量的增加和影响力的扩大，并不意味着政府完全退出行业管理，而是改变了管理的方式，即由直接管理变为由行业协会接受授权或委托职能的间接管理。

行业协会与政府职能合理分工的总体性原则是：涉及宏观、决策、规划等方面的事务由政府来行使，而中观和微观、执行与技术性的事务则由行业协会来承担，行业协会可以参与政府有关行业管理宏观、决策和规划方面的事务。政府作为社会公共利益的代表、市场经济秩序的监控者，规范和监督行业协会的运行，防止行业垄断。

---

① 有学者认为在中国应该是建立在分权基础上的“平等—合作”关系。见康晓光：《权力的转移——转型时期中国权力格局的变迁》，浙江人民出版社 1999 年版，第 295—296 页。

不过，行业协会与企业、政府的关系本质上是政府与企业的关系，政企关系决定着行业协会与企业、行业协会与政府的关系。在政府与企业存在行政隶属关系，并进行部门管理的情况下，企业一般不需要行业协会，政府也没有必要将行业管理职能移交给行业协会。只有当企业与政府没有隶属关系，而且对社会实行行业管理的时候，一个个企业才需要行业协会。政府面对的不是一个个企业，而是一个个行业。因此，政府转变职能，改革对企业的管理方式，是行业协会职能建设的一个前提条件。反过来看，行业协会只有履行好向企业和向政府提供双向服务的职能，真正成为联系政府与行业、企业的桥梁与纽带，才能进一步加快政府职能转变的步伐，将经济管理的重心转向宏观调控，优化社会管理的质量。

三、行业协会的双重赋权

行业协会为什么会拥有一定的权限，行使特定的职能，这与企业对它的赋权行为和政府对它的赋权行为是有密切联系的。行业协会是由同行业企业为主体代表行业利益的非营利性组织。它所拥有的权能由两部分组成：一是企业难以独自承担而又与其经营比较密切的权能，这部分权能既不属于政府，也不属于社会其他组织，只能属于行业协会。就其性质来说，属于“私益”权能，但相对于一个个独立的企业，它又有“公共”的性质。二是本来属于政府履行的权能，由于政府所行使的权力较多，难以包揽一切，便按照轻重缓急将某一部分管理权能授权或委托给行业协会等社会组织。这样，行业协会与政府之间就存在着一个相互交叉、共同履行的权能，这些权能由政府执掌和监督，并移交行业协会行使或参与行使。政府所履行的社会公共职能与企业所行使的自身职能、行业协会所履行的行业公共职能都有了较明显的分工界限，行业协会权能也形成了来自内部的固有权能与外部授权或委托权能两大体系。

（一）行业协会的企业赋权

由一个个企业自身职能所派生出来的行业内部的某些共性权能，不属于政府的社会公共权能，如代表和维护参加行业协会成员企业的利益、服务成员企业等，由此便产生了行业协会的固有权能。

目前，有关行业协会的固有权能到底是什么，存在着不同的理解。第一种将之分为基本职能与具体职能。基本职能是行业服务、行业自律、行业代表、行业协调，具体职能表现为行业规划、行业统计和开展国内外经济技术交流和合作等。[①] 第二种以相互关系中的角色定位为依据，将之分为行业协会固有职能、政府委托职能和行业协会参与职能（与企业关系和政府关系两种）。[②] 第三种以职能的“软”或“硬”程度为标准，认为“软”职能是代表职能、服务职能、沟通职能、统计职能、研究职能。“硬”职能是协调职能、监督职能、公证职能。通过“软”职能和“硬”职能的结合，构成行业协会八项基本职能。[③]

行业协会是经济主体的联合体，它为成员企业提供各种各样能够带来实际利益的服务。而服务不应该是一个笼统的大概念，它是企业接受行业协会提供服务与不接受行业协会提供服务的选择过程。在选择过程中，企业往往会从自身权益的获得程度来加

---

① 《上海市行业协会暂行办法》（2002 年 1 月 10 日上海市人民政府颁布），第十五条。

② 国家经贸委行业协会办公室：《我国工商领域行业协会改革与发展政策研究》（内部资料），2002 年 3 月，第 10 页。

③ 康晓光：《权力的转移——转型时期中国权力格局的变迁》，浙江人民出版社 1999 年版，第 290 页。

以考虑。因此，以权益的获得程度为衡量标准，可以分为代表职能、维护职能与服务职能。其中，代表职能体现权益的整体性与权益争取的未来趋势；维护职能表现为权益保护的既得性与不可失却性；服务性则强调权益潜在性与可选择取舍性。由于无法明确行业协会的服务能为企业带来显现的权益，因此，企业往往根据实际情况和自身需要，选择接受协会服务或不接受协会服务。而且事实上，确实很难从某些服务中比较明显地衡量出获取权益的多少和大小。

1. 代表职能。行业协会代表成员企业的合法权益，向社会和政府表达成员企业的意愿，反映行业的利益要求。代表职能主要表现在对公共政策制定过程中的影响力，如行业协会对全国人大和地方人大行业立法和各级政府制定公共政策的影响。通过这种影响力，便于参加协会的企业争取和获得有利于自身发展的利益。

2. 维护职能。企业既有自身的利益，在行业发展上又具有共同的利益。在市场时期，行业和企业利益往往因不规范市场运作和政府有关部门过多干预而受损，同时同行业企业之间也容易发生利益纠纷。为了保护成员企业和行业的合法权益不受损害，需要通过有效的制度安排来实现。行业协会就是维护行业与企业利益最好的组织制度安排。行业协会的维护职能主要表现在建立行规行约、实行价格自律、保证质量维护行业信誉、协调成员企业的内部关系与外部关系、开展公益活动（如参加社会办学、救灾和扶贫）等方面。

3. 服务职能。参加行业协会的企业，既希望得到成员企业的相互帮助，更需要行业协会提供各种各样的服务，以便使企业降低生产成本，提高管理能力，最大限度地获取经济效益与社会效益。行业协会所提供的服务包括提供技术支持、培育和开拓产品市场（如展览会、展销会）、开展国内外管理与技术交流、传递与沟通信息（如编办协会通讯和书刊）、培训转型技术与管理人员、推介名牌产品等。

（二）行业协会的政府赋权

在市场经济条件下，社会公共职能包括两种：一是政府直接处理的职能。比如，国防、外交、公共安全、军事、财政等，由于事关国计民生，政府不能授予任何一类组织，只能由政府行使。二是由政府执掌的职能。其中，决策、规划与调控等属于宏观层次的职能，仍由政府处理，如经济调节、市场监管、公共服务等。另一部分属于中观和微观层次，带有执行性、技术性与操作性的职能，则可以通过授权、委托等方式由社会上某一类组织如行业协会去行使。由于行业协会对政府有较强的依附性，因此，行业协会发挥的作用往往是起着政府宏观决策的参谋作用，在政府、企业之间起着桥梁和纽带作用。

对一个社会来说，行业发展规划、行业标准、行业发展政策、行业生产经营许可证和进出口许可证、产地证、统计咨询、产业损害调查、年检、新办企业的初审、特殊企业的推荐和验收、质量检验与监督等属于政府调控并间接管理的职能，这些可按照法律、法规，以政府授权或委托的形式交给行业协会。

行业协会获得这些授权或委托职能后，协助政府对社会及成员进行管理，实现公共管理的目的，维持公共秩序。[①] 由于授权或委托职能是行业管理职能的一部分，因此，行业协会承接之后，它的工作对象不仅包括行业协会的成员企业，还应该包括没有参加行业协会但属于这一行业的企业。这样，政府行业管理部门，特别是行业协会的主管单位，就可以通过行业协会引导企业贯彻执行整个行业发展的规划和相关政策，规范企业的生产经营，以此进一步发挥宏观调控的作用，构建良好的市场经济秩

① 黎军：《行业组织的行政法问题研究》，北京大学出版社 2002 年版，第 52 页。

序。同时，政府向行业授权或委托职能，使自己从过多的行政事务中解脱出来，集中时间和精力进行宏观调控，对重大事务进行决策选择。

总之，企业赋权和政府赋权是行业协会存在和发展的基础，也是中国行业协会的基本特征。在此前提下，行业协会职能建设既存在立法方面的问题，也存在决策执行方面的问题。为了有效履行行业协会的企业赋权和政府赋权，在转变政府部门观念和职能的基础上，需要加强行业协会的能力建设，给予行业协会应有的地位，赋予相应的职能，使行业协会真正成为政府、市场关系中的独立主体，构建政府、市场与社会有机和谐的统一体。

第二节 行业协会承接政府职能转移特征分析[①]

20 世纪的最后 25 年，伴随着全球化、信息化、市场化以及知识经济时代的来临，西方各国进入了公共部门管理尤其是政府管理改革的时代。[②] 正如时任美国总统奥巴马坦言：现在的问题已经不再是“大政府”与“小政府”之间的争论，而是政府如何运作的问题。最初，英国撒切尔政府采用的民营化改革方式旨在将政府抽离于市场生产过程之外，同时降低财政赤字、支持私人

---

① 本文作者：徐家良，上海交通大学国际与公共事务学院教授，博士生导师。主要从事社会组织和公民社会研究。薛美琴，南京理工大学公共管理学院讲师，主要从事社会组织和公民社会研究。本文原刊于《上海师范大学学报（哲学社会科学版）》2015 年第 5 期，征得作者同意，收录时略有增减。

② 陈振明：《走向一种“新公共管理”的实践模式——当代西方政府改革趋势透视》，载《厦门大学学报（哲学社会科学版）》2000 年第 2 期，第 75—77 页。

部门的发展并获取政治支持。① 民营化倡导者如萨瓦斯指出，全世界正在经历一场深刻的变革，其内容包括政府的重新定位，摆脱自上而下的集权管理方式，抛弃曾经占支配地位的观念。② “在现代社会体系中，服务主体是多元的。无论政府多强大，都无法包揽社会事务的全部，穷尽社会管理的一切。”③ 在政府改革浪潮中，政府直接提供公共服务的减少有利有弊，在提高效率的同时也遭到公平程度的质疑。④ 因此，从更为实用的角度探究政府职能边界以及提供公共服务方式摆在理论研究者和实践家的面前。本文在了解公众对公共服务需求以及行业协会发展现状的基础上，从“国家—社会”关系的视角对行业协会承接政府职能转移进行研究，以求回答政府公共服务提供方式的改革如何积极回应公众需求；政府职能转移的具体内容是什么；根据行业协会能力状况，哪些公共服务能够有效提供等问题。

一、行业协会承接政府职能转移的历史背景

基于不同的历史发展时段、不同的经济社会发展水平以及其他约束条件，我国政府的职能轴心进行了三次转移，职能形态经历了两次转换，形成了不同的政府建设取向，即从以政治职能为轴心整合经济与社会职能，向以经济职能为轴心整合政治与社会职能转换，取向于经济建设型政府；从以经济职能为轴心整合政

① Marsh D. Privatization under Mrs. Thatcher: *A Review of the Literature*, Public Administration. [99] . 69 (4), pp. 459 - 480.

② [美] E. S. 萨瓦斯：《民营化与公私部门的伙伴关系》，中国人民大学出版社2002年版。

③ 沈荣华：《论服务型政府的结构理性》，载《行政论坛》2014年第5期。

④ 蒋小杰、赵春盛：《县级政府公共服务供给的公众满意度测评——基于云南省开远市较大样本的实证数据研究》，载《行政论坛》2013年第1期。

治与社会职能，向以社会职能为轴心整合经济与政治职能转换，取向于公共服务型政府。①

从1993年“适应市场经济需要”、1998年“消除政企不分”、2007年党的十七大“加快推进政企分开、政资分开、政事分开、政府与市场中介组织分开”、2008年“突出公共服务”，直到2012年党的十八大提出要“推动政府职能向创造良好发展环境、提供优质公共服务和维护社会公平正义转变”。至此，政府职能转移无论从理论上还是实践中都成为重要的关注点。如果说行政体制改革是经济和政治体制改革的重要内容，那么转变政府职能则是深化行政体制改革的核心。

改革开放以来，我国分别在1982年、1988年、1993年、1998年、2003年、2008年、2013年进行了7次规模较大的政府机构改革。首先，2003年的政府机构改革是一个转折点，之后的政府机构改革以全面促进经济建设、政治建设、文化建设、社会建设为目标，以全面履行政府的社会经济职能为基本途径。其次，2013年的国务院机构改革和职能转变是另一个转折点，习近平总书记在2013年2月的中国共产党第十八届中央委员会第二次全体会议强调：“行政体制改革是推动上层建筑适应经济基础的必然要求，要深入推进政企分开、政资分开、政事分开、政社分开，健全部门职责体系，建设职能科学、结构优化、廉洁高效、人民满意的服务型政府。”之后深化改革成为重中之重，以行政体制改革来推动经济改革的完善，以行政体制改革来推动社会改革的突破。

与此同时，行业协会也遇上了难得的发展机遇期。据《2013年社会服务发展统计公报》显示：“截至2013年底，全国共有社

① 林尚立、王华：《创造治理：民间组织与公共服务型政府》，载《学术月刊》2006年第5期，第22—28页。

会组织 54.7 万个，比上年增长 9.6%；吸纳社会各类人员就业 636.6 万人，比上年增加 3.8%；形成固定资产 1496.6 亿元；社会组织增加值为 571.1 亿元，比上年增长 8.7%，占第三产业增加值比重为 0.22%；接收各类社会捐赠 458.8 亿元。”浙江省是中国经济最活跃的省份之一，在充分发挥国有经济主导作用的前提下，以民营经济的发展带动经济的起飞，形成了具有鲜明特色的“浙江经济”，至 2013 年人均居民可支配收入连续 21 年位居中国第一。因此浙江行业协会发展的经济、社会基础非常扎实，事实上，建立在“浙商”基础上的行业协会是浙江发展最为迅速的社会组织之一。

早在 2007 年，浙江省部分政府职能已经向行业协会转移。截至 2007 年年底，浙江省应脱钩的 1300 多家行业协会全面完成与行政机关脱钩改革。在此基础上，浙江省经贸委初步确定将部分资格、资质认可，等级评定，专业技术类的评审，行业性创优奖励活动，新产品、新技术认证及推广等事项移交给具备相应条件的行业协会；浙江省证监局也明确将投资者教育工作等部分职能委托给行业协会。杭州市政府第三轮行政审批制度改革，明确 9 个部门必须向行业协会移交 17 项职能，包括行业信息统计、运行分析、行业技术、质量及服务标准制定，生产、经营许可证发放等。温州市则规定政府 16 项职能转移给行业协会。与此同时，在脱钩过程中，一些中心城市加强了对现代服务业、会展业、文化产业等行业协会建设的力度。如绍兴市加强行业协会归类合并，对业务重叠、特征不明显的协会调整重组，对行业萎缩、名存实亡或停止活动一年以上的协会予以注销。杭州市在调整部分作用不明显、运转不正常的行业协会的同时，还加强了对新兴产业行业协会的培育。2007 年共注销 27 家行业协会，新成立 3 家行业协会，全市行业协会由脱钩前的 407 家调整为脱钩规范后的 382 家。

政府向行业协会转移职能的地方性规定陆续出台。2010 年 4 月，浙江省温州市出台《温州市人民政府办公室关于开展政府技术性服务性职能向行业协会商会转移试点的实施意见》。2010 年 6 月，浙江省绍兴市出台《绍兴市人民政府办公室关于开展政府部分职能向行业协会商会转移试点的实施意见》。2013 年开始，浙江省工商联在全国率先试点积极推动行业协会商会承接政府职能转移，首先确定温州市和嘉善县作为试点地区。浙江省工商联和温州市工商联积极指导和帮助温州市鞋革行业协会开展试点，拟定试点工作方案，梳理承接的职能，协调协会与政府有关部门的关系。最终温州市政府与行业协会举行了签约仪式，6 个政府部门正式将 8 项政府职能转移给温州市鞋革行业协会。目前，试点工作已取得了阶段性成果。嘉善县也通过调研学习，形成了《关于政府向行业协会商会转移职能的实施意见》，2014 年年初出台了工作方案，确定嘉善县钮扣商会和嘉善县木业协会作为试点单位，逐步开展政府部分职能向协会商会转移的工作。2014 年 5 月 14 日，浙江省工商联继续推进行业协会商会承接政府职能转移，选择浙江省政府推行权力清单制度试点单位的富阳市作为政府职能转移的试点地区。目前，宁波市宁海县工商联、台州市温岭市工商联、绍兴市建筑设备租赁商会、衢州市坊门街商会、湖州市电气工业商会、丽水市工商联商会服务中心等也相继开展试点。

总体来说，浙江行业协会承接政府职能转移可以依据这两次机构改革归纳为两大机遇期：其一，行业改革和国有企业改革推动行业协会承接政府职能转移，到 2007 年年底浙江省应脱钩的 1300 多家行业协会全面完成与行政机关脱钩改革；其二，行政体制改革深化行业协会承接政府职能转移，从 2013 年开始，浙江省工商联在全国率先试点积极推动行业协会商会承接政府职能转移。

二、行业协会承接政府职能转移的制度建设

经济调节、市场监管、社会管理和公共服务职能构成政府的核心职能，而认识和定位政府职能的基本依据就是学会尊重市场、重新发现社会，这是转变职能的关键。政府将哪些职能转移给行业协会，这要根据政府自身运作和改革的逻辑；而从作为承接者的行业协会来看，其能力能否承担起公共服务的提供是十分现实的问题。在行业协会承接政府职能转移过程中，不同的制度逻辑相互作用。

1. 行业协会角色发挥与政府职能重叠。一般而言，行业协会在竞争性和市场分散化的产业部门，以及在最终消费品部门尤为繁荣。而对行业协会的职能定位，学术界并没有统一定论，但总体来说还是有互通之处，如余晖认为信息提供、协调行动是行业组织两大理论上可分而现实中不可分的功能。就前者而言主要分为三大类——信息库功能、信誉评价中介和投诉甄别中介功能、行业前景预测和为成员提供个性化信息服务功能；就后者而言主要包括两种更加密不可分的机制，即协调对外行动和实施内部惩罚。① 贾西津、沈恒超、胡文安等则基于交易成本理论，将行业协会职能归纳为服务和协调两大类，其中服务功能主要是信息服务、组织展览会和国际交流会、技术培训和交流；而协调功能主要是政府游说、价格协调、制定行业规范并负责监督实施。② 笔者曾提出行业协会职能由外部授权或委托职能、

① 余晖：《行业协会及其在中国转型期的发展》，载《制度经济学研究》2003年第1期，第70—119页。

② 贾西津、沈恒超、胡文安等：《转型时期的行业协会——角色、功能与管理体制》，社会科学文献出版社2004年版。

内部固有职能两个部分组成。前者属于政府调控并间接管理的职能，市场经济中如行业发展规划、行业标准、行业发展政策、许可证、产地证、统计咨询、产业损害调查、年检、质量检验与监督等；后者包括代表职能、维护职能、服务职能。①

中华人民共和国成立后，政治体制、经济体制影响着社会制度，就形式而言，如中华全国工商业联合会等组织功能上并非行业性组织，在计划经济时代其实质是一个政治性社会团体。有些是根据经济利益和协调矛盾冲突需要而成立的，如中国国际贸易促进会和中国渔业协会。计划经济向市场经济的转型是涉及政治、经济、文化、法律、社会等各个方面的全方位变迁。这一时期，市场化改革和制度变迁导致社会利益多元化，政治和行政管理体制改革导致“政企分开”和“政社分离”，市场化改革导致社会文化和价值观念民主化和多元化，我国对外开放战略的实施以及我国经济国际化程度的不断提高。② 总体而言，由于历史发展情境的限制，处在深化改革现状下的我国行业协会职能必然与政府职能混合在一起，较多“自上而下”建立起来的、有政府背景的行业协会公共治理功能、互益性服务功能或重叠、或缺失，从而导致与“政社分离”的改革大方针相悖，因此，行业协会改革的核心就是基于行业协会自身能力基础上的政府职能转移。

1997 年，国家首次印发了关于行业协会的规范性文件，即国家经济贸易委员会印发的《关于选择若干城市进行行业协会试点的方案》，该方案将行业协会定位为“社会中介组织和自律性行业管理组织”，其作用是为政府和企业服务，具有建立行业自律

① 徐家良：《互益性组织：中国行业协会研究》，北京师范大学出版社 2010 年版。

② 范省伟：《基于组织变迁视角的行业协会发展研究》，西北大学 2005 年博士学位论文。

性机制、对新办企业申报进行前期咨询调研、制定和修订本行业业务类标准、行业内部价格协调、行业统计、对行业内重大项目进行前期论证6大类职能。这一时期政府对行业协会的角色定位是政府的助手，其职能几乎全部为行业公共治理。2007年，《国务院办公厅关于加快推进行业协会商会改革和发展的若干意见》在积极拓展行业协会职能方面强调，要“充分发挥桥梁和纽带作用，加强行业自律，切实履行好服务企业的宗旨，积极帮助企业开拓国际市场”；并强调“把适宜于行业协会行使的职能委托或转移给行业协会”。这一时期，政府强调行业协会的服务会员功能，重点在于充分发挥行业协会行业治理的作用。

行业协会的发展是与行业改革及国有企业改革紧密相连的。政府对行业协会发展推动的首要原因是将一些政府部门转变为行业协会，并使得政府规模缩小。在行业协会应扮演的角色方面，政府重视的是：形成行业自律，促进公平竞争，建立技术、管理和质量标准，调整价格，收集数据，向会员提供市场信息、技术、管理咨询和培训；但政府规制中较少提及企业在行业协会中的关键任务：与原材料供应商以及能源、通信和交通设施提供者进行集体协商，定价并限制行业竞争，向政府倡导去除企业不喜欢的规制，为企业提供补贴、设施和服务（比如，道路、港口、消防和警察服务）。而应对这些问题，党的十八大以来，中央对社会组织改革发展作出了一系列重大决策部署，明确提出加快形成政社分开、权责明确、依法自治的现代社会组织体制。2013年7月31日，国务院总理李克强特别强调，要放开市场准入，释放改革红利，凡社会能办好的，尽可能交给社会力量承担，加快形成改善公共服务的合力，有效解决一些领域公共服务产品短缺、质量和效率不高等问题，使群众得到更多便利和实惠。从国家的政策可以看出，政府原则上给予了行业协会等社会组织极大的发展空间，而相关具体的规范性文件、发展措施还有待各地区、各部门积极探索实践。对行业协会而言，对公共治理和互益性服务功能有效分解，有退有进。

2. 行业协会承接政府职能转移规范。行业协会承接政府职能转移是一个“国家与社会”关系维度下的政社合作问题。米格代尔在其著作《社会中的国家：国家与社会如何相互改变与相互构成》中指出，国家和社会都不是固定的实体，在相互作用的过程中，它们的结构、目标、支持者、规则和社会控制都会发生变化，它们在不断地适应当中。[①] 借鉴米格代尔关于国家与社会相互转化、相互构造的理论，本文将根据浙江温岭新河镇行业协会承接政府职能转移的具体实践，分析动态的国家与社会互动状态，“国家”和“社会”在概念操作化过程中分别通过基层政府、行业协会及公众来观察。

新河镇政府积极发挥行业协会的作用，将适合行业协会承接的如行业资质评估、职称评定初审，行业业务知识培训、消防安全知识培训，行业名牌产品申报初审，行业企业税收协商，行业统计分析、信息预警、行业工资集体协商，行业企业安全协管，行业规划、行规行约制定，行业纠纷调解等行业管理和协调，行业技术成果评审推广、举办展览展销，行业标准制定 11 项政府职能转移给羊毛衫、帽业、针织、汽车内饰、坐垫 5 家行业协会。其中：汽车内饰、羊毛衫、帽业、针织 4 家协会组织，在服务企业，维护行业利益，促进行业管理方面发挥了重要作用。消防、工资协商、税收征收等方面的政府事务性、辅助性职能，转移给行业协会，以扩展其发展空间，培育其发展能力，更好地发挥公共治理和服务会员的作用。

---

① 郁建兴、吴宇：《中国民间组织的兴起与国家，社会关系理论的转型》，载《人文杂志》2003 年第 4 期，第 112—118 页。

案例1：开展行业工资集体协商，推动协商民主职能延伸。

新河镇在羊毛衫和帽业行业开展工资集体协商工作。行业工资集体协商制度每年举行一次，并制定涉及原则、主体、内容、过程、效果、目的等具体的、规范的、可操作的“行业工资集体协商制度”。羊毛衫行业职工工资（工价）集体协商制度始于2003年，代表102家羊毛衫企业的行业协会与代表1.2万名职工的新河镇羊毛衫行业工会，在广泛征求各方意见的基础上，3次召开民主恳谈会，对编织工序工价进行协商，调整确定基准价，并进行面对面协商，初步确定6大工种72道工序的工价。从2008年起，新河镇在草帽这个劳动密集型行业实施工资协商，每年协商一次，其间，代表376家企业主的行业协会，与代表1.1万名职工的行业工会，在前期进行充分调研的基础上，举行面对面协商会，行业工会的10名职工代表，与行业协会的10名企业主代表，结合帽业行业工艺改革、设备更新等因素，最终确定11个品种、96道工序的工价，并举行职工代表大会投票表决生效。行业协会在行业工资集体协商工作中发挥应有作用，该制度的推行，既解决了该行从业人员频繁流动的问题，也满足了职工增加工资的要求，这对缓和劳资双方关系具有十分重要的意义。

新河镇行业工资集体协商反映出行业协会承接政府协商民主职能转移中“社会主导—国家支持”的互动关系。新河镇的行业工资集体协商涉及两方参与主体——企业主代表方的行业协会、职工代表方的行业工会。通过组织化，工人工资的确定程序由单一的企业确定演变为工人、企业、行业工会、行业协会和政府多个主体，建构起各方面力量总体均衡的制度安排，政府扮演着构架者、协调者、监督者的角色。[①] 首先，在公众需求确定方面。

---

① 徐家良、于爱国：《现代企业劳资纠纷调解机制研究——以温岭羊毛衫行业为例》，载《华中师范大学学报（人文社会科学版）》2010年第2期，第50—59页。

羊毛衫和帽业行业是典型的竞争性和市场分散化的消费品行业，是行业协会角色发挥的传统领域。由于众多小规模的民营厂商导致该行业产品竞争激烈，而互益因素使得相关企业较快联合起来解决这种恶性竞争；但激烈的用工竞争却迟迟无法使得相关职工联合起来，虽有互益因素，但搭便车问题在数量庞大的工人队伍中难以实现集体行动，劳资纠纷引发集体停工和上访、企业间互相挖人等问题，使得劳动关系不稳定成为一个公共问题，公众需求无法满足。其次，在政府职能确认方面。基本工资之外的劳动工资统一问题是一个公共治理空白，而社会稳定的政府职能使得行业工资集体协商成为政府的潜在职责，政府有责任督促、监督解决行业劳动关系问题，但有限政府的要求使得政府不能以国家强制力解决这一非纯粹的公共产品，因此劳动工资的最终解决还是要靠行业协会和行业工会。最后，在政府职能转移方面。主要是通过行业工资集体协商模式将政府的协商民主职能转移给行业协会和行业工会。行业工会的建立应归功于“国家支持”因素。新河镇党委非常重视行业的劳动关系问题，因此，由党委牵头、授予镇工会组织组建羊毛衫和帽业行业工会，正是政府的积极参与解决了工人无法实现集体行动的问题，同时建立“行业工资集体协商制度”，设立行业工会办公室并配备一名专职的工会秘书长（早年政府部门退休人员），虽然并没有提供人员工资等物质支持，但赋予其组织行业工资集体协商、调动相关资源的部分权力，并监督工资协商过程，发挥了政府“守夜人”的角色，为工人的“社会主导”作用发挥创造了基础，同时行业协会在工资协商过程中的作用也体现了“社会主导”因素。每次工资协商的次数都在5次以上，采用民主恳谈的方式扩大了工人、企业的有序参与，保证了各主体的实质参与，发表意见，维护自身权益，最终推动各方主体利益的维护。

案例2：参与协商税率协管税收征收，推动税务职能延伸。

新河产业的集聚，个体纳税人行业性、地域性特征比较明显，形成了多个专业村、专业市场。例如，南鉴村制帽业、城北村汽车坐垫制造、长屿村羊毛衫行业等。税收征管仍以核定定额为主。自2011年开始，实行在定额行业性调整前组织行业协会、纳税人、村委会等与国地税人员进行面对面恳谈，充分利用行业协会对行业内生产经营情况比较了解的实际，征求他们对于行业税收收入整体增幅和行业内纳税人相互之间平衡的意见与建议，对行业内企业上门核查设备数及从业人员数和销售情况，开展纳税自评和互评，摸清税负平衡状况。2011年至今，参与到行业内的纳税人有910多户与税务人员面对面恳谈，调整定额将近700户，每个行业的定额调增幅度均在30%以上。行业协会参与税收征收协商活动，给征纳双方提供了一个互相交流的平台，提高了社会的参与性，有利于促进税收环境的和谐。

新河镇行业征税协商呈现出行业协会承接政府税务职能转移中“国家主导—社会支持”的互动关系。税收是国家（政府）公共财政收入的最主要来源，是国家解决公共物品提供问题的核心环节。因此征税是国家权力强制性的最好体现，因此税收和征税的特性赋予了政府绝对的主导性，使得行业征税协商中“国家主导”特征具有合法性。以个体纳税人为主体的新河镇数量较大的小规模民营经济发展虽给政府的税收带来了活力，但也给征税带来了不可避免的信息不对称问题。

首先，以交易发票为依据的征税方式不能满足政府和公众的需求。谎报收入等道德风险行为成为征税过程中个体纳税人的常态，使得企业主无法将关注重心落实在产品生产上，而税收不足间接导致了“专业村、专业市场”中公共物品的公众需求得不到满足。其次，政府拥有征税的职能，但鉴于实践的发展，需要将税收职能延伸向行业协会，主要体现在税负平衡状况的信息共享。因此，通过税收征收协商活动将政府对纳税人信息调查等少量的税收职能转移给行业协会。在协商过程中，政府税务部门组织行业协会、纳税人、村委会等与国地税人员进行面对面恳谈，通过自评和互评核定税收征管的定额。行业协会虽然不能自主决定是否纳税，但却可以与国地税人员协商税收额度，使得私域和公域之间得到平衡，减少负外部性问题，体现了“社会支持”特征。

案例3：成立协会联合消防安全办公室，推动安全监管职能延伸。

2014年3月19日，汽车内饰、羊毛衫、帽业、针织协会成立联合办事处和消防安全办公室，由会员共同出资聘请消防专管员，对会员单位开展自我服务、自我指导、自我完善。政府在一定程度上放权，赋予行业协会的消防专管员参与关停企业的整改复工、消防安全检查等事项。汽车内饰、羊毛衫、针织服饰、坐垫、棉料是新河镇的重要产业，涉及800多家企业，其中大多数是家庭作坊企业，因为是易燃行业，有些企业存在严重的消防安全隐患。而镇安监办只有3个人，安全监管力量不足。新河镇党委、政府决定发挥行业协会的作用，引导4家行业协会联合组建消防安全协会。4家行业协会联合聘请了4名消防专管员，都是曾经从事消防工作的退伍战士。这些消防专管员对会员单位开展消防培训、检查等服务工作，从而改善和提升这些易燃行业的整体消防安全环境。

新河镇成立协会联合消防安全办公室是行业协会承接政府安全监管职能转移中“社会主导—国家引导”互动关系的具体体现。新河镇成立针对家庭作坊企业的协会联合消防安全办公室，通过对会员单位开展消防培训、检查等服务工作，体现了行业协会公共治理职能之外对会员提供服务方面的积极探索。首先，在政府职能与公众需求确认方面，消防虽然具有排他性、竞争性，但消防的外部性作用巨大，能够防止公众财产免于破坏，因此传统上由政府部门提供。不过，由于政府的消防安全监管设施无法满足大量的家庭作坊企业对消防的需求，而汽车内饰、羊毛衫、帽业、针织行业的易燃特性使得有些企业存在严重的消防安全隐患，因此，政府需要借助社会力量来实现安全监管职能，既减轻政府自身的压力，也有利于公共安全服务的提供。新河镇在成立协会联合消防安全办公室的过程中，政府主要发挥号召、监督的引导性作用，但针对家庭作坊的安全监管职能主要由行业协会承担，由行业协会会员共同出资聘请消防专管员，对会员单位开展自我服务、自我指导、自我完善。这一系列的过程正是体现了“社会主导—国家引导”的互动关系，既实现“预防为主、防消结合”的安全目标，又在国家引导下培育了行业协会的自治服务功能。虽然当前的协会联合消防安全服务功能刚刚起步，但已解决了协会消防服务的场地、人员、经费障碍，服务功能的真正实现需随着实践的发展不断完善。

总之，行业协会承接政府职能转移是产品属性基础上国家和社会关系的再造。新河镇行业协会承接政府职能转移中偏向行业公共治理功能较多、偏向会员服务功能较多，原因主要是过去政府承担了过多的行业公共治理功能。可以看出新河镇通过行业协会承接政府职能转移积极探索“政社分开、权责明确、依法自治的现代社会组织体制”已初具规模。在这一过程中，以基层政府（包括镇党委、镇政府、税务部门、安监办等）为代表的国家力量和以行业协会为代表的社会力量，通过民主协商平台，反复协商、积极参与，积累了行业协会承接政府职能的丰富经验。行业工资集体协商体现的是行业协会承接政府协商民主职能转移中“社会主导—国家支持”的互动关系，行业征税协商反映出行业协会承接政府税务职能转移中“国家主导—社会支持”的互动关系，成立协会联合消防安全办公室呈现出行业协会承接政府安全监管职能转移中“社会主导—国家引导”的互动关系。

三、行业协会承接政府职能转移经验及对策建议

1. 制定政府职能转移的清单，为行业协会职能发挥提供政策保障。行业协会承接政府职能转移需要事前的政策保障。新河镇行业协会承接政府职能转移最早可追溯至2003年羊毛衫行业职工工资（工价）集体协商制度，当时制定了《行业工资集体协商制度》，行业工资集体协商有了政策保障，帽业行业很顺利地推广了工资集体协商制度。现在的问题是，需要将行业工资集体协商中行业协会承接政府协商民主职能转移的政策保障经验拓宽至其他政府职能转移。政府应该将哪些职能转移出来是政府改革的重要议题，制定政府职能转移清单，为政府职能改革和行业协会发展提供方向，更使行业协会承接政府职能有章可循，进一步引导行业协会承接政府职能转移有序而规范地发展。

2. 为行业协会承接政府职能转移提供资源保障，培育行业协会发展。行业协会承接政府职能转移需要一定的资源保障，以完成政府职能转移目标。与全国其他地区相比，新河镇羊毛衫、帽业、汽车内饰等行业发展迅速，以家庭作坊发展起来的数量庞大的小规模民营企业使得新河镇的行业协会积累了很多经验与资源，但即便拥有环境发展优势，新河镇的行业协会依然面临了组织发展的资源匮乏，影响到行业协会不能完全发挥好行业公共治理和服务会员的功能。2003年开始的政府协商民主职能向行业协会转移，2011年开始的政府税务职能向行业协会转移，以及2014年政府安全监管职能向行业协会转移，体现了新河镇政府改革的积极探索。在这一过程中，由过去重视行

业协会的行业公共治理功能逐步扩展到同时重视服务会员职能，体现了对行业协会发展的多方培育。在行业工资集体协商、协会联合消防工作中，政府向行业工会和行业协会提供场地、人员、基本运作经费等资源，解决了行业协会发展的资源匮乏问题。以此为借鉴，在继续完善行业协会承接政府职能转移的过程中，在充分了解行业协会的资源困境上，可利用政府的公共资源对行业协会承接政府职能转移进行支持，比如通过政府购买社会服务的方式、表彰评优的方式等。但需要注意的是，由于政府职能转移的最终目的之一是减压，因此这种短期内的支持是为长期的退出做准备，当行业协会在相关政府职能转移进入规范化运行后，可通过社会化的评估结束物质支持，但表彰评优的精神支持可继续实行。

3. 完善民主恳谈等方式中的过程监管，建立行业协会有效承接政府职能转移的奖惩激励。行业协会承接政府职能转移需要事中与事后的监管与激励。新河镇行业工资集体协商中参与民主恳谈的除了行业工会代表和行业协会代表外，还有镇领导、部分村干部、居委会干部、工办等政府基层工作人员，应对行业协商民主进行有效的过程监管，增强协商民主职能转移的有效性。三种行业协会承担政府职能转移过程中，利益相关主体都参与民主恳谈过程，同样是一种有效的过程监管。监管只是一种激励方式，可以借鉴过程监管的有效性，将其他奖惩方式用于激励行业协会承接政府职能转移中，荣誉等合适的评比表彰是一种成本较小而受益较大的激励方式，当然荣誉的撤销也是评比表彰的方向约束。同时，涉及物质资源的政府提供时，需要进行对行业协会承接政府职能转移成果的评估，以评估促改革、以评估促发展，保证行业协会承接政府职能的效果与目标相一致，推动政府改革的实质发展。

第三节　直接登记行业协会与政府关系发展新趋势[①]

行业协会作为并列于市场、企业、国家、非正式网络的第五种经济治理机制，具有向市场和国家提供服务，反映会员与行业诉求，规范监督行业行为等功能，并且随着市场经济发展和政府职能转变，行业协会在我国经济治理过程中发挥着越来越重要的作用。然而，由于受到计划经济体制管理的制约，行业协会发展不仅先天不足，而且还遭遇到制度阻碍，从而使得其远远不能适应社会经济发展要求。因此，如何重新界定政府与行业协会关系，破除行业协会发展的制度“瓶颈”和体制机制障碍，形成有利于行业协会发展的社会环境，就成为一项重要而紧迫的课题。

一、双重管制型体制下行业协会与政府关系

行业协会是指同业企业和其他关联经济组织在自愿的基础上结成的，以保护和增进会员利益为出发点，规范行业行为为目标，兼具特殊公共利益的非营利性社会团体。由于对行业协会管理经验的缺乏以及认知的时代局限性，政府对行业协会的管理实践是基于政府与行业协会处于对立的假设，并在准入、组织结构和行为上加以防范和限制实现的，因此具有明显的双重管制型体制特征。

---

① 本文作者：徐家良，上海交通大学国际与公共事务学院教授，博士生导师。主要从事公共组织与公民社会研究。郝斌，上海交通大学国际与公共事务学院博士生，主要从事社会组织与公民社会研究。原文发表在《教学与研究》2015 年第 9 期。

1. 政府与行业协会关系的历史演进：政府主导。我国对包括行业协会在内的社会团体的管理规范，最早可以追溯到1950年政务院发布的《社会团体登记暂行办法》。该办法明确规定“内务部”和各地政府为社团登记机构。1951年颁布的《社会团体登记暂行办法实施细则》，取缔危害国家、社会和人民的社会团体，但并未要求合法团体必须有“业务主管部门”的要求。1989年10月，国务院发布《社会团体登记管理条例》开始要求社会团体必须有“业务主管部门”，并在1998年的条例修改版中再次得到确认。

行业协会的双重管制型体制是在将行业协会和政府置于对立关系的假设基础之上的，强调政府对行业协会的限制和防范。在这种制度环境下，政府部门通过利用自身拥有的人财物资源、合法性资源和社会网络资源，对行业协会的准入、组织结构和行为进行限制与防范。当然，由于市场经济发展程度的差异，政府处理其与行业协会关系的具体态度存在差别。在民营经济发达的地区，政府对行业协会的发展持积极态度，为行业协会发展营造良好的政策环境。在一定意义上，在政府与行业协会关系的历史演进过程中，政府居于主导地位，行业协会则依附于政府，并在政府认可的范围内活动。

2. 双重管制型体制下行业协会的角色定位：助手、补充与中介。由于中国市场经济是在计划经济基础上逐渐转型的，因而企业赋权和政府赋权成为行业协会存在和发展的基础。[①] 行业协会双重赋权特征，使得其在与政府的关系中，被塑造为政府宏观决策的参谋助手、政府行业管理的有益补充，并在此基础上成为政府与企业间的中介和纽带。

---

① 徐家良：《双重赋权：中国行业协会的基本特征》，载《天津行政学院学报》2003年第1期。

随着经济体制改革的推进，政府管理经济的方式从直接的、全面的经济干预向间接的、宏观的经济调控转变，原先由政府负责的中微观层面的经济治理领域出现空白。计划经济体制对行业的管理是条块分割格局下的部门管理，即各级政府都建立专业经济部门，直接拥有和管理自身系统或“条条”内的国有和集体工业企业。[①] 然而，随着市场化改革的深入，各种非公有制经济组织迅速发展，但却游离在行业专门经济部门管理之外，政府产业政策难以深入整个行业。行业协会正是基于此背景才逐渐得到扶持并走上经济治理舞台。同时，行业协会通过代表成员企业的合法诉求、维护行业的合法权益以及服务会员企业和行业等方式，熟悉行业管理事务，拥有产业发展信息优势，能够更好地向政府反映行业发展诉求，协助政府规范行业行为和宏观调控，从而促进市场经济健康有序运行。

3. 双重管制型体制的核心特征：双重审批登记。双重管制是传统行业协会管理体制的主要特征，它要求登记管理机关和业务主管部门对行业协会实行“双重审核”“双重负责”“双重监管”，因此，双重管制可以被认为是一种政治把关和共担责任的分权机制。[②] 不过，出于降低风险和规避责任的目的，无论登记管理机关还是业务主管单位，都将行业协会的成立作为组织监管的重点工作和责任落实的主要内容。

行业协会双重审批登记成立的做法，虽然与我国政府缺乏行业协会监管经验、行业协会高度复杂性等现实状况有关，但本质却是将行业协会和政府置于对立关系的假设基础之上，并直接影响行业协会登记成立，进而抑制经济组织有序发展的社会需求，

---

① 余晖：《行业协会及其在中国转型期的发展》，载《制度经济学研究》2003年第1期。

② 王名：《改革民间组织双重管理体制的分析和建议》，载《中国行政管理》2007年第4期。

不利于行业协会在经济治理的角色定位和功能发挥。

二、双重管制型体制下行业协会发展存在的问题

在双重管制型体制下，政府主导与其行业协会的关系是，行业协会只能依附于政府部门，并被动作出组织行为。在这种政府与社会关系下，行业协会发展存在诸多问题，如行业协会注册难和行政化，“一地一业一会”格局下行业协会缺乏竞争、服务能力低等。

1. 行业协会注册难：业务主管单位难寻。我国行业协会生成机制除法律授权外，还包括企业自主推动的体制外生成途径、政府主导推动的体制内生成途径、政府与企业合力推动的体制外生成途径。① 其中，遇到注册难问题的行业协会，主要是体制外路径产生的行业协会。

对于体制外的行业协会，由于业务主管单位需要承担包括政治风险在内的所有责任，同时业务主管单位并未从中获得相应的利益，因此，相关部门并没有足够动力担任体制外路径产生的行业协会业务主管单位，这使行业协会由于缺少业务主管单位而无法注册，从而影响其法律合法性和行政合法性地位的取得。显然，体制外的行业协会注册难，是双重管制型体制下的普遍现象。这种现象既不符合市场经济的发展趋势，也不利于行业产业做大做强。

2. 行业协会行政化：定位偏离。登记管理机关和业务主管单位对行业协会进行双重管制型管理的体制在一定程度上是对原有

① 徐家良：《互益性组织：中国行业协会研究》，北京师范大学出版社 2010 年版。

的“政府管企业”体制的延续，方便各业务主管单位通过行业协会来保留对所辖地区的行业的干预和控制。业务主管单位对行业协会拥有很大的自由裁量权，管理的内容和范围广泛。因此，行业协会行政化也就成为双重管制型体制下的必然现象。

行业协会行政化对行业协会的发展造成不利影响，主要表现在组织定位偏离行业自治的基本属性。行业协会不是企业利益的代表者，而是业务主管单位的“二政府”，不是维护行业企业的利益，而是借用行政权力“寻租”，向会员企业进行违规认证、巧立名目乱收费等，造成行业协会与企业的紧张关系。因此，行业协会行政化在实践中造成了行业协会发展的滞后，不利于行业的发展壮大和市场经济体系的建设。

3. 行业协会“一地一业一会”化：行业代表资格垄断。限制竞争是双重管制型体制下行业协会管理的一个原则，具体可以表述为“一地一业一会”。它要求如果在同一行政区域内已有业务范围相同或者相似的行业协会，没有必要成立的，那么登记管理机关不予批准成立。“一地一业一会”政策在一定程度上有助于加强政府对行业协会的管理，规范行业行为，促进行业的有序发展。

然而，随着市场经济的发展和政府职能转变的稳步推进，这种限制竞争的政策实践不仅促使行业协会对行业代表资格的垄断，消除提高组织能力的外在压力，挫伤会员积极性和主动性，损害行业企业的组织认同，而且还强化政府部门对行业协会的控制和行政化，造成行业协会部门化，从而不利于市场经济新秩序的构建。

4. 行业协会服务能力低：损害与会员形成的委托代理契约。企业赋权是行业协会存在和发展的基础之一，会员企业与行业协会两者之间存在一种委托代理的关系。然而，由于体制外的行业协会注册难、行业协会行政化和限制竞争等原因，行业协会服务会员和行业的主动性不强，服务能力水平也存在明显不足，损害会员企业与行业协会委托代理的契约。

体制外的行业协会更多地代表着市场和企业的再组织需求，具有较高的社会合法性，然而由于业务主管单位难寻而遭遇注册难，无法获得法律合法性和行政合法性。同时，行业协会的“一地一业一会”政策极大地降低了行业协会间发生竞争关系的可能性，表面上确保了行业协会的稳定，但实际上却导致了行业协会服务会员的惰性和不作为。

三、直接登记下行业协会与政府互动的外部环境

在直接登记管理条件下，影响行业协会与政府关系的外部环境发生了变化。政府运用权力清单、责任清单和负面清单制度，明确界定政府职能边界，为划清政府与行业协会界限提供制度保障。同时，政府购买行业协会服务也在兴起，呈现出星星之火燎原之势。另外，随着社会主义市场经济的日益成熟和完善，行业细分、产业升级和融合成为经济新常态下市场和企业的重要特征，并对行业协会的角色定位和功能发挥提出新的要求，进而影响政府与行业协会的关系。

1. 政府职能转变：权力清单、责任清单和负面清单。《中共中央关于全面深化改革若干重大问题的决定》提出“推进国家治理体系和治理能力现代化”，在实现这一目标的过程中，最重要的治理主体无疑就是政府，[①] 建立政府职能清单制度，正是实现政府简政放权和治理能力建设、全面深化政治体制改革的关键之举。

---

① 李景鹏：《关于推进国家治理体系和治理能力现代化——“四个现代化”之后的第五个“现代化”》，载《天津社会科学》2014 年第 2 期。

行业协会可持续发展，目前亟待解决的问题便是政府与行业协会的关系问题，而政府权力与责任的模糊与任性是形成这种困境的关键因素之一。因此，加快推进职能转变和清单制度建设，明确界定政府的权力与责任，是非常重要的改革路径。权力清单有助于理清政府职能边界，规范权力运行，为转移交由行业协会承担的职能提供指导；责任清单有助于落实政府权责统一，倒逼政府依法作为，同时也意味着政府需要加强行业协会履行政府授权职能的监督；负面清单则有助于划清政府与市场和社会的界限，激发市场和社会活力。政府职能清单制度是行业协会"去行政化"的重要保障，是行业协会与政府建立更加科学合理、有序高效互动关系的基础。

2. 政府购买行业协会服务：第三方角色。在双重管制型体制下，政府部门凭借人财物资源优势和业务主管单位身份，通过行政化的策略，干预行业协会日常运作和对外活动。然而在直接登记政策实践下，政府部门的业务主管单位身份将消失，并且随着政府加快推进权力清单、责任清单和负面清单制度的探索和实践，政府与行业协会的功能界限日渐明显，原有的行业协会行政化策略已经遭遇挑战。

政府购买行业协会服务的形式，为直接登记政策实践下的行业协会与政府互动提供了新的策略选择。作为行业组织，行业协会在经济微观治理方面拥有信息资源和管理经验的优势，其承接政府购买的服务不仅有助于政府获得高质量的服务，也便于推动行业协会转型发展。尽管政府购买行业协会服务的政策和实践，在全国范围还不具有普遍性的特征，仅仅是在部分地区和部分行业出现，但随着全面深化改革与国家治理体系和治理能力现代化的推进，政府购买行业协会服务将会得到进一步的发展。根据党的十八届三中全会有关精神和《国务院办公厅关于政府向社会力量购买服务的指导意见》，2014 年 12 月财政部会同民政部和国家工商总局联合发布《政府购买服务管理办法（暂行）》，系统地规范政府向行业协会等社会力量购买服务的行为。因此，尽管目前政府购买行业协会服务数量和规模较小，但随着政府职能进一步转变，以后数量上会越来越多，规模上也会越来越大。

3. 经济新常态下的市场变化：大众创业、万众创新。我国经济已经进入新常态。大众创业、万众创新是政府应对经济新常态的主要举措之一。“大众创业、万众创新”施政目标的稳步落实，为市场发展带来新的积极变化。一是企业数量急剧增加，行业规模日渐庞大；二是企业创新热情得到提升，专业化、差异化错位竞争逐渐明显，行业细分加速；三是以“互联网+”为代表的新业态，不仅与产业深度融合，促进产业升级，而且引发产业格局变革，加快产业更替。

市场的这种变化，为行业协会的未来发展带来系列影响。首先，行业协会成立的“行业”分类标准落后于市场的产业升级和行业细分，新成长的企业可能无法找到适合自身特点的行业协会；其次，企业数量增长迅速，行业规模迅速增大，现有行业协会的社会合法性将面临重大挑战，服务能力不足将更加明显。

四、政府与行业协会关系发展的新趋势

直接登记政策作为破除双重管制型体制对行业协会发展禁锢的改革举措，已经在全国范围内陆续得到落实和推进。在直接登记条件下，政府与行业协会关系呈现出法律化、合作契约化、去行政化、适度竞争化和监管体系综合化的发展趋势，值得人们高度关注。

1. 政府与行业协会关系法律化。法治是国家治理的基本方式，法治化是国家治理体系和治理能力现代化的首要标准

和核心。[①] 政府与行业协会的关系需要站在国家治理体系与治理能力现代化和全面落实依法治国的高度，以法治化的手段进行规范。

“中华人民共和国行业协会商会法”的重点应该放在明确行业协会商会的性质（尤其是特殊公益性质）、设立条件、内部组织架构、基本职能和法律权利义务（包括赋予行政诉讼资格）、会员的权利和义务、政府管理的权力和责任等方面，在此基础上，对政府官员（含离退休）行业协会商会兼（任）职、大企业干预、税收优惠政策、行业协会商会独立法人资格和法人财产权、直接登记、一业多会等方面作出清晰的、科学的界定，目的在于界定政府与行业协会商会的基本关系，防止政府干预行业协会的人事、资产、财务等内部运作事务和外部业务活动开展，规范行业协会与会员的关系，维护会员的合法权益。

“中华人民共和国行业协会商会法”尽管先后列入十一届全国人大常委会和十二届全国大常委会的立法规划，然而均被认为是属于“立法条件尚不完全具备，需要继续研究论证的立法项目”。通过各方努力，积极推动“中华人民共和国行业协会商会法”尽快进入立法程序并尽早诞生，以满足社会经济发展的需要。

2. 政府与行业协会合作契约化。政府科学有效的宏观调控是宏观经济健康运行和市场秩序稳健的重要保障。从计划经济体制下延续下来的政府行业管理职能，将通过政府职能转移的方式，更多地交由其他组织负责。而作为市场主体再组织化的载体，行业协会具有企业赋权的组织特性，拥有向政府和企业提供服务、反映会员诉求、维护行业权益等功能，是行业治理

---

① 莫纪宏：《国家治理体系和治理能力现代化与法治化》，载《法学杂志》2014年第4期。

的主体之一。

政府赋权、转变职能和购买行业协会服务是政府与行业协会契约化合作的重要形式。首先，政府以简政放权为目的，加快建立权力清单、责任清单和负面清单制度，尝试明确政府与市场和社会的边界，同时政府通过取消行政审批项目的方式，将属于市场能够解决的事项，放权交由市场和行业协会负责。其次，赋权和转变职能是实现政府与行业协会合作的另一种契约化路径。根据国务院行政审批改革的精神，涉及行业规约制定、行业内企业资质认定及等级评定、行业内专业技术职称和执业资格评定，以及行业自律与监督、行业调查与统计、行业培训与咨询等职能将从政府向市场和行业协会转移。政府可以按照适度竞争规则，有序向行业协会实现职能转移，同时加强对获得授权的行业协会进行监管。最后，通过合同管理，实现政府购买行业协会服务是建立政府和行业协会合作的又一种契约化合作形式。2014 年 12 月，财政部会同民政部、国家工商总局联合发布的《政府购买服务管理办法（暂行）》，对政府购买社会力量的服务内容、资金来源、承接主体的确认方式以及监管作出详细规定，这对政府购买行业协会服务模式的可持续发展奠定了法理基础。

3. 行业协会“去行政化”。行政化是双重管制型体制下政府部门管理行业协会的一种重要举措，是业务主管单位制度存在和发展的必然趋势。行政化的行业协会，在人事、财务和业务等方面，均受到业务主管单位的制约和限制，进而影响行业协会的自主性和工作改进。因而，行业协会“去行政化”，应该从以下几个方面做起：首先，根据《中共中央组织部关于规范退（离）休领导干部在社会团体兼职问题的通知》文件精神，制定“行业协会商会负责人选举指引”，规范行业协会包括会长和秘书长等主要领导人选举产生办法，同时对离退休官员担任领导职务进行限制和约束；其次，改革政府部门与行业协会在人财物的关系上，努力实现将行业协会编制从事业单位中进行分离，明确政府部门不再提供行业协会工作人员的行政办公经费，同时通过购买行业协会服务的方式支持行业协会转型发展；最后，积极推动行业协会运作方式转变，按照社会化和市场化原则，建立健全人事制度和财务制度，以及相应的薪酬福利体系，落实行业协会工作人员从社会中招聘，实现工作人员职业化和专业化，提高行业协会服务能力和水平。①

4. 行业协会适度竞争化。建立政府与行业协会良性互动的关系，一方面要求政府转变职能，营造有利于行业协会发展的制度环境；另一方面也要求行业协会能够提供高质量高水平的专业服务，为良性互动奠定基础。然而，在双重管制型体制下，行业协会登记管理实行严格的“一地一业一会”制度。这种管理制度尽管在当时发挥了积极作用，但随着市场经济的发展，“一地一业一会”制度暴露出许多问题，其中就包括行业代表资格的垄断化。行业协会垄断行业代表资格，促使其失去改进服务行业水平、提高服务企业能力的外在压力，限制行业企业利益诉求表达渠道，不利于市场经济秩序健康运行。因此，行业协会必须“去垄断化”。

“一业多会”政策是引入适当竞争机制，实现行业协会“去垄断化”的重要举措。“一业多会”的实现路径主要包括两种，一种是允许同行业相关经济组织申请成立新的行业协会，在同一行业内实现行业协会增量改革；另一种就是允许行业覆盖面广的现有行业协会，按国民经济行业分类的中小类标准，或按产业链

① 陈汪杰、陈少雄：《基于治理结构理论的行业协会绩效考核探讨：以上海市生物医药行业协会为个案》，载《中国第三部门研究》2012 年第 4 期。

环节进行分拆组建，实现盘活现有行业协会的存量改革。实现行业协会去垄断化、鼓励行业协会间适度竞争，不仅有利于提高行业协会服务政府、市场和企业的能力与水平，而且也在客观上改善政府与行业协会的互动质量和水平，为建立政府与行业协会良性关系打下基础。

5. 行业协会监管体系综合化。直接登记的改革模式不仅降低了行业协会成立的门槛，促进更多行业协会的登记与运作，同时也为政府对行业协会管理监管模式带来重大挑战，为登记管理机关工作形成巨大压力。以往双重管制型体制带来的责任共担效应消失，登记管理机关工作量压力将骤增，其不仅要审批登记行业协会成立、查处行业协会违规行为，而且还要指导行业协会完善内部运行机制、建立有效制度规范等工作。另外，民政部门还需要与发展改革、公安、财政、工商、税务、金融、外交、安全以及司法机关等部门加强联系，对行业协会可能涉及的行业垄断、涉企收费、税收政策、财务会计、外事交往等事务进行合作处置，以实现行业协会的综合监管。

以综合监管为主要特征的行业协会管理实践正在形成。这种管理制度要求政府按照“统一登记、各司其职、协调配合、分级负责、依法监管”的要求，更加注重行业协会顶层设计，推动登记管理制度、“一业多会”制度、等级评估制度和年检制度的改革与落实；强化统筹协调，探索建立综合执法体系，加强登记管理机关、政府相关部门和司法机关信息共享与执法合作；下沉监管重心，优化监管资源配置，破解分段管理弊端，构建事中事后监督体系。

直接登记政策作为深化改革行业协会管理制度的重要举措，随着政府职能转变、购买行业协会服务兴起和经济新常态下市场的深刻变化，客观上也起到了推动政府与行业协会关系法律化、合作契约化、去行政化、适度竞争化和监管体系综合化，从而推动政府与行业协会关系开始呈现出新的发展趋势。这凸显出行业协会在改革政府管理体制和完善市场经济机制等方面发挥着不可或缺的作用，一定程度上对我国全面深化改革、加快推进国家治理体系和治理能力现代化建设产生重大影响。

第四节 评 2015 年行业协会商会与行政机关脱钩方案①

2015 年 7 月，中共中央办公厅、国务院办公厅印发《行业协会商会与行政机关脱钩总体方案》，这是从 1994 年、1997 年、1998 年、2007 年以来出台的最新的政策，一方面说明脱钩工作很重要，国家全面深化改革与市场经济新秩序构建非常需要；另一方面表明形势很严峻，政府、市场和社会所需要的，目前的行业协会商会所提供的服务远远不够，难以适应新形势的客观要求。

一、行业协会商会的类型

一般来说，行业协会商会是由会员企业为了维护本行业的合法利益，服务会员实行行业自律和行业规范的社会团体，它的权力来自于会员企业的授权，我们常称这类行业协会商会是“草根组织”，在温州等地有大量这种类型的行业协会商会。

但在中华人民共和国成立后，还有另外一种行业协会商会，

① 本文作者：徐家良，上海交通大学国际与公共事务学院教授，博士生导师。主要从事公共组织与公民社会研究。该文曾在深圳大学管理学院作过一次报告。

不是由于会员企业的需要组建成立的，而是出于政府管理的内在冲动。1952 年，由于西方国家对我国实行经济封锁和禁运，为了促进与世界各国民间贸易团体的双边和多边交往成立了中国国际贸易促进委员会。1954 年 12 月，考虑中国与日本还没有建立外交关系，为了维护中国海洋利益，保护渔民利益，解决中日之间的渔业纠纷，与日本民间渔业机构谈判而成立中国渔业协会。2001 年国务院机构改革中，撤销国家经贸委下的内贸局、冶金局等 9 个局，相继成立机械工业协会、钢铁工业协会等 10 大行业协会总会，并赋予这些行业协会部分政府职能。这种类型的行业协会商会可以理解为政府授权或委托。全国性的行业协会商会这方面的特性非常明显。

如果要包括会员企业授权和政府授权这两种类型的行业协会商会情况，有必要对行业协会商会的定义重新进行界定。行业协会商会是由政府或会员企业出于管理的需要，为了维护本行业的合法利益，服务会员和服务政府，实行行业自律和行业规范的社会团体。很明显，中国行业协会商会有两种权力来源，一种是会员企业赋权，另一种是政府赋权。在双重赋权的情况下，会员企业赋权的行业协会商会无法发挥积极作用，因为政府控制着许多职能，而政府赋权的行业协会商会又与政府走得很近，行政化严重，成为人们常说的“二政府”，无法承担起市场经济所要求的行业自律自治规范功能。

二、“五脱钩五规范”的亮点

1997 年国家经贸委发布《关于选择若干城市进行行业协会试点的方案》，在上海、广州、厦门、温州四地进行行业协会商会改革试点，实现政企分开，加快政府职能转换。这是国家层面第一次改革开始，它的不足是没有细化，比较宏观。1994 年和 1998 年国务院办公厅分别发文要求部门领导、党政机关领导干部不得兼任社会团体负责人，包括行业协会商会，结果实施下来效果不明显，行政化依旧。这次脱钩方案有以下几个方面的亮点。

第一，部门众多。最早的行业协会商会改革，是由当时的国家经贸委单一部门推进的，以后国务院办公厅加入，这次是 14 个部门参与，由国务委员牵头，而且中央政治局专门加以讨论，涉及党中央的改革思路和宏观布局。

第二，内容丰满。这次脱钩的是“五脱钩五规范”。最早的脱钩内容主要是针对政府官员的兼任问题，后来发现仅仅解决人的问题不是根本，所以，在 2007 年，《国务院办公厅关于加快推进行业协会商会改革和发展的若干意见》以下简称《若干意见》逐渐调整为职能、机构、工作人事、财务四个内容，把脱钩最关键的问题点了出来。这次脱钩方案肯定和延续了《若干意见》的主要内容，增加了另外三个关键的部分：一是资产，二是党建，三是外事。政府是机关法人，而行业协会商会则是社会团体法人，不同的法人，在法律上最根本的是资产，原来几次都忽视了，这次强调突显出来，使法人独立自治有更扎实的基础。党建与党的领导有关。外事，主要是解决行业协会商会国际交流所面临的困境。所以，从脱钩的内容来看，这次改革方案相对来说是非常全面和完整的。

第三，方向明确。这次把行业协会商会“生下来”与政府显现的或潜在的“脐带”切除，使两个组织都变成一个完整的独立体，行业协会商会也不再是政府的附属体。通过“五脱钩五规范”的改革，提升行业协会商会专业化水平和能力，服务重心由以政府为主调整为企业、行业、市场为主。行业协会商会依法自律自治，通过行业规范为企业、行业和市场服务，逐渐实现行业协会商会社会化与市场化的管理目标。

第四，慎重试点。由于这次脱钩事务是“切断行政机关和行业协会商会之间的利益链条”，所以处理起来更加复杂和艰巨。在本次试点工作中，将严格贯彻实事求是的工作作风和学习精神，发现问题并逐步解决问题。

有一点需要特别说明，尽管通过“五脱钩五规范”，实行政社分开，但实际上行业协会商会与政府是无法完全分开的。因为政府圈与行业协会商会圈，有的部分是重合的。不重合的部分，是政府与行业协会商会独立运行的，重合的部分仍是政府与行业协会商会需要合作的部分，如行业规范，既与政府有关，也与行业协会商会有关，脱钩后，政府仍要通过转变职能和购买行业协会商会行业服务的方式与行业协会商会打交道，但是，政府与行业协会商会的关系已经不是原来的依附关系，而是独立的两个主体之间的合作伙伴关系，权利义务清晰。

笔者相信，这次行业协会商会与行政机关的脱钩方案，既有前瞻性的顶层设计，又有可行性的微观运作安排，通过几年的努力，能够圆满地实现预期的改革目标，使行业协会商会更好地满足政府改革与市场经济新秩序的要求，真正发挥出第三部门所独有的功能与作用，规范行业，依法自治，与政府第一部门和企业第二部门一起共同促进中国现代化建设，圆中华民族腾飞梦。

第五节　行业协会商会自治规则的性质、效力及其合法性规制[①]

改革开放以后，我国实现了从计划经济体制向社会主义市场

① 本文作者：江国华，武汉大学法学院教授、博士生导师，国家“2011 计划”司法文明协同创新中心首席科学家。主要研究方向：宪法学与行政法学。符迪，武汉大学宪法与行政法学硕士研究生。主要研究方向：宪法学与行政法学。

经济体制的转变，行业协会商会作为政府与市场的中间力量，其作用逐渐凸显。[①] 1993 年十四届三中全会明确提出要发展市场中介组织，发挥行业协会商会等组织的作用[②]，自此行业协会商会无论是在数量上还是在覆盖领域上均快速增长。与此同时，因政府职能的转变以及促进行业发展的需要，行业协会商会承担了越来越多的社会管理职能[③]，而要充分发挥其在社会管理方面的作用，则必须充分保障其自治权。自治包含了自主和自律两方面的内容，自主是指行业协会商会有权按照自己的意愿行事而排除外部各种因素的不合理干预。自律则是指行业协会商会应当享有制定行业协会商会自治规则的职能和权限，并且行业协会商会有权按照该自治规则对其内部会员实施管理。其中自主性是自律性的基础，自律性是自主性实现的必然要求。[④]

目前国内对于行业协会商会的研究更加偏重于对其自主性保障方面的研究，强调避免政府对于行业协会商会的过度干预，以立法方式厘定自治权与公权力的分野，以及通过立法、司法等形式保障自治权的实现。[⑤] 但是行业协会商会的自律性是其得以运行的根本保障，如若缺乏行业自律，则会导致自治权的滥用以致失却其公信力。党的十八届四中全会提出，支持行业协会商会类社会组织发挥行业自律和专业服务功能。[⑥] 故此对于行业自律功能之研究亦不可忽视，而行业自律又主要通过行业协会商会的自

① 参见张希妍：《浅谈行业协会发展史》，载《企业改革与管理》2014 年第 11 期。

② 《中共中央关于建立社会主义市场经济体制若干问题的决定》，1993 年 11 月 14 日。

③ 参见季亚丽：《行业协会自治的法律制度构建》，载《中北大学学报》（社会科学版）2005 年第 4 期。

④ 汪莉：《行业自治与国家干预》，经济科学出版社 2015 年版。

⑤ 参见周俊：《行业协会商会的自治权与依法自治》，载《中共浙江省委党校学报》2014 年第 5 期。

⑥ 《中共中央关于全面推进依法治国若干重大问题的决定》，2014 年 10 月 23 日。

治规则来实现，故本文主要通过论证自治规则的效力边界来分析如何保障行业自律机制在法治的轨道上构建与完善。

一、行业协会商会自治规则的性质

行业协会商会自治规则是由行业协会商会依照特定程序制定，用以规范组织设置和运行机制，调整成员的权利与义务的不具有国家强制性的行为规则的总称。根据这一定义不难看出行业协会商会自治规则具有自治性、行业性以及准法性等特征。所谓自治性，是指自治规则是由行业协会商会自行制定的自我管理的规范，自治性是行业协会商会自治规则最本质的特征。行业性是指自治规则是调整行业协会商会成员涉及行业的行为的规范。

（一）自治性

随着市场经济的快速发展，管理型政府向服务型政府逐步转变，政府的部分管理职能逐渐下放由行业自律管理，由此行业协会商会作为政府与单一经济个体之间的纽带应运而生。行业协会商会成立之初衷就在于通过对行业的自我组织、自我管理来协调行业内不同经济个体之间的矛盾，监督和纠正行业内的恶性竞争行为，集中力量拒绝政府对行业的不当干预，从而维护行业全体个体的共同利益，因而自治性是行业协会商会最本质的特征。作为行业协会商会自律管理重要依据的自治规则，其必然具有自治性。行业协会商会自治规则的自治性主要体现在其制定主体和目的上。首先，在制定主体上，自治规则的制定主体既非行政机关也非某个单位，而是由整个行业组织作为制定者。[①] 行业协会商

---

① 参见黎军：《基于法治的自治——行业自治规范的实证研究》，载《法商研究》2006 年第 4 期。

会自治权的基本来源是其内部成员权利的让渡，行业组织通过契约获得集合的自治权[①]，“正如自然赋予了每个人以支配自己各部分肢体的绝对权力一样，社会公约也赋予了政治体以支配它的各个成员的绝对权力”[②]，所以作为调整内部成员行为的规范其主要是基于成员的协商一致达成的，而行业协会商会作为代表行业整体利益的社会组织，其必然有权通过组织会员大会等形式整合成员意见，制定其内部管理规则。其次，行业协会商会作为社会中介组织，其能够独立存在的根本原因就在于其具有自我组织和自我管理的能力，如果行业协会商会丧失了自治性，那么其无疑会沦为政府管理行业的工具，甚至成为行业发展的绊脚石。行业协会商会就是通过制定行业章程、行业道德规范或行业规范、行业标准等自治规则来实现对其组织和行为的管理，以维护行业协会商会及其内部成员的权益。

（二）行业性

行业协会商会自律管理不同于政府行政管理，其仅仅侧重于某一特定领域，如《广东省行业协会条例》第三条规定：“本条例所称的行业协会是指从事相同性质经济活动的经济组织，为维护共同的合法经济利益而自愿组织的非营利性社会团体。”商会虽然是跨行业、跨产业建立的，但是其功能均是以提供行业共性产品、服务为核心的。行业协会商会自治规则最初起源于同业公会或者行会制度（Gild 制度）中有关契约的规定，同业公会或者行会是职业相同者基于互助精神组成的社会团体，在这个社会团体内同行业成员基于合意达成契约，并且要求组织成员必须受到契约的约束，此类契约即行业协会商会的自治规则。[③] 行业协会

---

① 鲁篱：《行业协会社会责任与行业自治的冲突和衡平》，载《政法论坛》2008 年第 2 期。

② ［法］卢梭：《社会契约论》，何兆武译，商务印书馆 2003 年版。

③ 刘江：《行会规范之法律研究》，华中师范大学 2007 年硕士学位论文。

商会自治规则的行业性主要体现在调整对象和调整事项等方面。首先，在调整对象上，自治规则的调整对象一般仅限于其内部成员，这是因为行业协会商会的自治规则是由其成员经过协商一致制定的，所以成员对于其同意之契约必须遵守，如有违反则会受到自治规则所规定的相应惩戒，但是对于非行业成员而言，自治规则并未体现其个体意志，因而出于相对性原理，其并不受到自治规则的调整。然而在某些特殊情况下，自治规则对于内部成员以外的公民权利也会造成一定的影响，但其主要是适用于行业协会商会与其内部成员的基本规范。其次，在调整事项上，自治规则仅规范与行业协会商会有关的事项，即规范行业协会商会的组织设置和运行机制，调整行业协会商会与其内部成员的权利义务关系等，而对于成员的非行业性行为一般不加以调整①，这主要是因为行业协会商会成立高度专业性的需要，不同的行业协会商会根据不同行业特点，有针对性地制定适合这一领域事项的自治规则，只有这样才能确保自治规则与行业协会商会管理的高度贴合，从而保证行业发展的专业和高效。

（三）准法性

准法性是指行业协会商会的自治规则虽然不属于法律，但是其具有与法律相类似的部分特征。美国著名法学家哈罗德·J. 伯尔曼说过，“凡有行会的地方，行会又是立法团体。城市或城镇里五花八门的商人和手工业者的行会各自都有自己的法令”②，行业协会商会的自治规则就是在特定领域内对特定社会成员具有普遍适用性的法令。行业协会商会的自治规则一般分为授权性规则

---

① 黎军：《试析行业自治规章》，载《淮阴师范学院学报（哲学社会科学版）》2005 年第 2 期。

② ［美］哈罗德·J. 伯尔曼：《法律与革命——西方法律传统的形成》，贺卫方等译，中国大百科全书出版社 1993 年版，第 473 页。

和自主性规则[①]，授权性规则是指由法律授权行业协会商会制定自治规则，进行行业管理，那么这种规则就当然的具有法律属性。自主性规则是指行业协会商会的内部成员通过协商程序达成的自治规则，其性质类同契约，并不具有法律属性，但是从其规范内容以及强制手段来看，自治规则具有其“准法性”。首先从规范内容来看，行业协会商会自治规则是对一定社会领域内公民相关的社会关系的调整，其在该领域内对于成员具有普遍的约束力、确定力和执行力，因此有学者将行业协会商会自治规则归入到民间法的范畴之内，认为其作为非法律制度却具有广泛的适用性符合法律的某种特征。[②] 其次从强制手段来看，行业协会商会作为互易性的自治组织，其所享有的强制执行权从某种意义上来说可以称之为报偿性权力，即企业出于某种利益或者报偿的追求，自愿放弃自身某种偏好，让渡部分权利，与其他经济个体达成契约，然后要求全体经济个体均必须遵守合意之契约，如有违反，则失去报偿[③]，这种失去报偿的惩戒虽然不具有法律上的强制力，但是基于内部成员对于行业协会商会提供的报偿的内心认可和确认，其往往能够更好地约束成员的行为。因此行业协会商会自治规则所采用的诸如“警告、开除会员资格、公开批评”等软性措施，往往由于其针对性和灵活性，具有更好的规范和管理的效果。[④]

---

① 薛刚凌、王文英：《社会自治规则探讨——兼论社会自治规则与国家法律的关系》，载《行政法学研究》2006 年第 1 期。

② 参见梁治平：《中国法律史上的民间法——兼论中国古代法律的多元格局》，载《中国文化》2007 年第 1 期。

③ 鲁篱：《行业协会经济自治权研究》，法律出版社 2003 年版。

④ 参见《上海医药行业行规行约》《石家庄市律师协会惩戒规则》《中国注册会计师协会会员执业违规行为惩戒办法》等。

二、行业协会商会自治规则的效力

行业协会商会设立之根本目的在于维护行业协会商会及其成员的合法权益，但是反观我国目前的诸多行业协会商会，其在实际运行中更多地充当的是一个管理者而非服务者的角色，最典型的是行业协会商会在制定的诸多自治规则中设置了较多的禁止性规范，这些禁止性规范有的超越、违背甚至排斥国家法律之规定，如2009年修订的《中国旅游饭店行业规范》第二十九条规定："饭店如果谢绝客人自带酒水和食品进入餐厅、酒吧、舞厅等场所享用，应当将谢绝的告示设置于经营场所的显著位置，或者确认已将上述信息用适当方式告知客人。"这一规定无疑是变相的允许饭店谢绝客人自带酒水和食品，与我国消费者权益保护法第二十六条第二款中规定的"经营者不得以格式条款、通知、声明、店堂告示等方式，作出排除或者限制消费者权利等对消费者不公平、不合理的规定"相违背。中共十八大报告指出，"加快形成政社分开、权责明确、依法自治的现代社会组织体制"，自治虽是行业协会商会的固有属性，但"依法"才是行业协会商会设立之根本。同时基于行业协会商会自治规则的自治性、行业性和准法性，其效力范围、效力位阶以及效力的实现方式也必然具有一定的边界，应当受到现代法治原则之约束。

（一）效力位阶

法律是调整社会关系的强有力武器，但是面对纷繁复杂的社会现实，仅仅依靠法律的调节是远远不够的，出于弥补国家法律的局限以及实现行业自律管理的需要，我们借助更多其他的行业手段来规范和引导行业行为，行业协会商会自治规则正是最为有力的手段。但是如前所述，行业协会商会自治规则毕竟是作为法律的补充而产生的，而且其在制定主体、制定权来源、规范地位、制定程序等方面均与国家法律存在明显差异，具体而言即行业协会商会作为自治规则的制定主体地位较低，制定程序宽松以及其制定权源非法定，因而其效力位阶必然低于法律。[①] 因此，行业协会商会自治规则赋予行业的自律之权限必须符合法律的规定与精神，否则其不应具有规范之效力。首先自治规则应当遵循法律优先原则。第一，自治规则相较于国家法律更具专业性和针对性，因而在不与宪法和其他法律相抵触的情况下，应当优先适用，但一旦自治规则与国家法律发生冲突，应当遵照国家法律的相关规定。[②] 第二，自治规则不应将法律法规对公民权利的限制作扩张性解释，更不应对成员所享有的法律法规保障的公民权利予以限制或剥夺。尽管行业协会商会作为社会组织，规则制定与执行作为其私权应当适用“法无禁止即自由”，但行业协会商会又因其维护社会公共利益之权能而具有了一定的社会公权力性质[③]，所以其自治权也必然要在法律规定的范围内行使，不得与法律法规相抵触，也就是说对于法律尚未规定的或者适用任意性法律规范规定的事项，除法律保留事项外，行业自治规则可以自主设定，但是对于由强制性法律规范调整的事项，自治规则不应有所逾越甚至背离。第三，自治规则应当遵循法律保留原则。我国立法法第八条明确规定对公民政治权利的剥夺、限制人身自由的强制措施和处罚只能由法律规定，因此自治规则中有关惩戒规范不得规定有限制成员人身权、自由权等的惩戒类型，如拘役、管制等。与此同时自治规则在保障成员实体权利

---

① 参见《上位法下位法以及法律位阶之确定》，http：//m.110.com/flzs/596616.html，最后访问时间：2016 年 6 月 20 日。

② 参见黎军：《基于法治的自治——行业自治规范的实证研究》，载《法商研究》2006 年第 4 期。

③ 参见黎军：《行业组织的行政法问题研究》，北京大学出版社 2002 年版。

的同时，也不应忽视程序性权利，“程序是法治和恣意而治的分水岭”，目前我国行业协会商会自治规则所规定的一部分自律管理事务是由政府职能转隶而来，而政府行政尚且强调程序的监督和制约，如果自治规则不强调程序，则会导致这部分事务管理的失序，因此自治规则应当保障成员申诉、控告等基本的诉讼权、申辩权等。①

（二）效力范围

出于行业统一管理的需要，实践中行业协会商会自治规则的效力往往会外溢至公民权利领域，如2002年《上海医药行业行规行约》第三条中规定：“规约对全体会员单位和本市药品生产相关企业都具有约束力，都必须自觉遵守本规约。”上海医药行业协会的这一自治规则就将非会员企业纳入到其调整范围。再如《武汉市餐饮行业经营规范（试行）》第十七条第四款中规定：“对于消费者自带酒水和食品，餐饮经营者应与消费者协商留样备案72小时；消费者不同意留样的，餐饮经营者应当如实做好记录。”这一自治规则对于行业外人员也产生了影响。由此可以看出现有自治规则的效力范围尚未厘清，本文认为自治规则毕竟不同于国家法律，不应具有对所有公民的普遍适用性，因而其必然要遵循一定的边界，具体包括两个方面：第一，自治规则一般仅作调整内部成员之用，因为自治规则的制定和执行权是行业协会商会基于内部成员权利的让渡而形成的自治权，出于契约的相对性与行业自由之准则，对于非协会商会成员的行为不应有所约束，正如韦伯所说：“协会应该称之为一种达成一致的团体，它按照章程规定的制度，只能要求对根据个人加入的参加者适

① 谭九生：《职业协会惩戒权边界之界定》，载《法学评论》2011年第4期。

用。"[①] 但是如果非协会商会成员以明示方式表示愿意接受自治规则之约束或者适用自治规则对其更为有益时可以将自治规则的效力范围外扩[②]，因为如果非协会商会成员接受自治规则之约束，则也符合了契约相对性原则，而如果自治规则对其有益，则自治规则的效力外溢亦应当为其所接受。第二，自治规则不应对非行业人员产生影响，因为"自治"顾名思义是行业协会商会的自我管理和自我约束，如若行业协会商会的自治规则可以调整非行业成员如消费者等，那么其就表现出"治他"的倾向，既违背了自治规则的制定初衷也会对非行业人员的权利造成侵害。除此之外，基于自治规则的行业性特征，其效力一般仅及于与行业协会商会有关的行为，所谓"有关"，包括与行业存在关联的违法行为以及不当行为。出于维护社会公共利益之需要，虽然违法行为一般由法律来调整，但自治规则作为内部自律管理的依据，亦可以对其成员施加非法律惩戒，例如某律师违反刑事诉讼法有关保守国家秘密之规定，其在受到法律制裁的同时，也会因为触犯《律师协会会员违规行为处分规则（试行）》的规定而受到公开谴责、中止会员权利、取消会员资格等处分。至于与行业有关的不当行为本属于行业协会商会自治规则自律之根本，行业协会商会出于维护整体利益之需要，其必然要通过自治规则对其成员的行为予以规制。而对于与行业无关的行为，有学者认为成员的某些行为虽然与行业无关，但是会对行业造成影响，所以其亦应属于自治规则的效力范围。本文认为自治规则不同于法律，无须对公民的所有行为予以规范，且行业协会商会自治之初衷在于通过社会公权力的形成来保障成员个体权利最大化的实现，如果自治规

---

① ［德］马克斯·韦伯：《经济与社会（上卷）》，林荣远译，商务印书馆 1997 年版，第 80 页。

② 屠世超：《行业自治规范的法律效力及其效力审查机制》，载《政治与法律》2009 年第 3 期。

则可以对成员与行业无关的私人领域横加干涉，无疑是与自治规则的制定目的相违背的，故自治规则的效力不应及于此类行为。①

（三）效力实现方式

行业协会商会自治规则的实现固然要求自治规则是“良法”，但是仅仅凭借成员对于“良法”的内心信仰和尊重是远远不够的，还需要辅之以必要的强制性手段来确保自治规则在行业关系中的贯彻落实，即“善治”亦必不可少。因为强制性手段导致成员的违约成本大大增加，从而使得其违约所获得利益明显小于其守信所带来的好处，那么其自然而然会遵守自治规则的调整和规范。基于自治规则的准法性特征，其不同于具有国家强制力保障的法律，其效力主要表现为成员内部的强制性，如2002年《上海医药行业行规行约》第十八条中规定：“对执行规约好的企业在行业内进行表彰、宣传和给予必要的奖励。对执行情况不好的企业可视情况给予批评教育、警告、内部通报，公开曝光等道德谴责，直至撤消其会员资格，以维护规约的严肃性。”如此奖罚分明的强制手段虽然不似法律那般刚性，但是却能对症下药，如某医药企业为获得其他企业的信任，其必然希望借由行业协会的表彰来展现自身的优势，而公开曝光、撤销会员资格等措施也会对会员企业的不当行为产生一定的威慑力。行业协会商会自治规则的效力实现方式具体包括以下两种：一是自治规则的适用，二是自治规则的遵守。其中自治规则的适用是指行业协会商会通过成立会员大会、理事会、监事会等一系列内部组织机构，并且赋予其自治规则的执行权，从而将自治规则运用于行业协会商会具体事务的处理的活动，具体包括行业协会商会内部的检查监督和奖惩措施。首先，检查监督是自治规则的效力得以实现的重要保障，具体是指通过对成员财务、组织、决策、执行等事项的监

① 谭九生：《职业协会惩戒权边界之界定》，载《法学评论》2011年第4期。

督，来保证行业协会商会不会因片面追求行业利益，而对成员利益、第三人利益甚或是社会公共利益造成侵害[①]，如2002年《上海医药行业行规行约》第十八条中规定："为促进规约的执行，每年由协会常设机构根据行业的发展特点和每年的工作重点，开展自查、互查、抽查，并在每年年底前由协会组织检查、评比活动，然后，向协会会长汇报。"其次，行业协会商会自治规则如欲有效的规范和管理成员的组织和行为，一套行之有效的奖惩机制必不可少。张宇燕教授曾指出，在拥有潜在共同利益的人们之间，逐步形成一套行之有效的赏罚规则，或是"有选择的刺激"，它们能够借助于对合作者论功行赏、同时惩罚合作的破坏者的方式来超越集体行动障碍。[②] 奖惩措施具体是通过颁发荣誉称号、公开表彰、批评教育、警告、禁止使用协会设备等非强制性手段来实现的。自治规则的遵守则是指通过一定的方式使相关行业领域内的成员对自治规则产生内心认可和确信，从而自觉遵守自治规则的规定，约束自我行为。法律的遵守一般是通过立法的公布来使公民知晓，然后公民再依据法律行使权利和履行义务。因此自治规则的遵守也必然要通过向社会特定领域人群公开的形式来确保自治规则的遵守，为此行业协会商会一般采用报纸、电视等宣传媒介来向社会公布，如中国互联网金融协会就于2016年10月28日通过官网的形式正式发布了《互联网金融信息披露个体网络借贷》标准和《中国互联网金融协会信息披露自律管理规范》。

---

① 周俊：《行业协会商会的自治权与依法自治》，载《中共浙江省委党校学报》2014年第5期。

② 张宇燕：《利益集团与制度非中性》，载张曙光主编：《中国经济学》，上海人民出版社1995年版，第190页。

三、行业协会商会自治规则的合法性规制

通过前文对行业协会商会自治规则的效力位阶、效力范围以及效力的实现方式的分析来看，虽然行业协会商会享有制定与执行规则之自治权，但权力的行使并非毫无界限，其必然要受到一定的限制，即首先自治规则不得与宪法及其他法律相抵触，不得规定有法律保留的事项；其次自治规则的效力一般情况下仅及于成员内部；最后自治规则不应具有国家强制性。自治规则究其本质仍是行业协会商会的内部规则，其不可避免地会出现为片面追求行业利益而制定和执行诸如行业垄断、分割市场、价格控制等涉及不正当竞争的规则①，因此建立对行业协会商会自治规则的合法性规制机制是对内保障行业服务功能，维护内部成员权益，对外保障行业管理功能，维护非成员及社会公益的必要前提。托克维尔曾说："我认为必然有一个高于其他一切权力的社会权力；但我又相信，当这个权力的面前没有任何障碍可以阻止它前进和使它延迟前进时，自由就要遭到破坏。"② 因此，国家有必要通过一定的方式来对行业协会商会的自治规则加以调整和规制，其有效的制约方式主要包括备案审查、行政规制和司法审查。备案审查，是指通过行业协会商会相关立法的形式规定行业自治规则的审查机制，要求行业协会商会的自治规则在公布后的一定期限内应当依法报送特定机关审查，通过备案审查，国家可以及时了解自治规则的制定情况，并结合相关法律法规和社会实际情况，及

① 参见鲁篱：《论行业协会自治与国家干预的互动》，载《西南民族大学学报（人文社科版）》2006年第9期。

② ［法］托克维尔：《论美国的民主》，董果良译，商务印书馆1997年版，第289页。

时发现和纠正自治规则中的不当之处。行政规制，是指国家通过行政权来规制行业协会商会自治规则的制定与执行活动，通过政府的宏观调控，既保证了行业协会商会自治的灵活又避免其向国家权力和公民权利领域的肆意外溢。司法审查，是指法院通过司法程序来审查行业协会商会制定的自治规则以及其适用自治规则所作出的各项决议。司法是维护公平正义的最后一道防线，国外诸多行业协会商会的规章及其依据规章对内部成员实施的行为均已被纳入司法的审查范围。

（一）备案审查

由于行业协会商会易受到“行政化”和“商业化”的影响，从而对公民、法人、其他组织权益或者社会公共利益造成侵犯，所以其应当受到法律的指导和规范[①]。目前对于行业协会商会自治规则备案审查的相关规定，一般散见于各个单行法律、法规中，如《中华人民共和国律师法》第四十四条中规定：“全国律师协会章程由全国会员代表大会制定，报国务院司法行政部门备案。地方律师协会章程由地方会员代表大会制定，报同级司法行政部门备案。”然而并没有一部统一的、强制性的法律规定自治规则的备案审查机制，仅有的一部《社会团体登记管理条例》对于自治规则的审查也偏重于形式审查，在实践中审查效果不明显[②]。本文认为有必要制定统一行业协会商会法，建立起对自治规则的备案审查制度，鼓励对自治规则的事先审查，避免其自由裁量权的过度扩张。首先，立法应当明确备案审查的主管部门，主体不清是当前行业协会商会自治规则备案审查机制构建的主要问题，本文认为应当规定民政登记管理部门作为指导、规范行业

① 周俊：《行业协会商会的自治权与依法自治》，载《中共浙江省委党校学报》2014 年第 5 期。

② 屠世超：《行业自治规范的法律效力及其效力审查机制》，载《政治与法律》2009 年第 3 期。

协会商会自治规则制定的主要部门，并辅之以相应的业务指导部门来对行业协会商会依据自治规则所开展的日常活动进行监管。其次，立法需明确行业协会商会应当按照备案审查制度的规定将自治规则提交相关部门审查，并规定相应的法律责任，如规定对未经备案登记的行业协会商会自治规则，由民政登记管理部门责令其提交登记，超过一定期限内仍不登记备案的可以对其处以一定罚款。再次，立法应当明确相关部门审查的事项，如审查自治规则是否违反法律优先原则和法律保留原则，即自治规则是否与宪法及其他法律的基本精神以及强制性规范相抵触，自治规则是否规定有限制或者剥夺公民基本权利或者其他必须由法律规定的事项，再比如审查自治规则是否包含有市场垄断、价格歧视等涉及不正当竞争的规定，行业协会商会自治规则的制定目的在于保障行业成员的经济利益，但是成员利益的维护不应建立在对非成员权益的侵害之上，当然更加不能对公平、诚信、自由的市场秩序造成破坏。最后，立法应当明确相关部门对于违反法律规定的自治规则享有相应的处置权，如相关部门认为行业协会商会自治规则违反法律保留原则，对成员的基本权利作出限制或者自治规则涉及行业垄断，对行业外成员权益、社会公共利益造成侵害的，可以责令相关行业协会商会作出解释，要求其予以更正，拒不更正的可以对该自治规则予以撤销或者宣告无效。

（二）行政规制

行业协会商会作为市民社会新兴崛起的社会组织，其在制度层面上仍然存在着较多的不足，如行业协会商会的组织结构、运行机制以及议事规则等制度尚未完善，因此有必要辅之以政府的外部监督来保障行业协会商会的良好运转，避免其利用社会管理与自治的双重属性进行权力寻租。2013 年之前，依据《社会团体登记管理条例》，我国对于行业协会商会普遍实行登记管理机关与业务主管单位的双重监管体制，由登记管理机关对行业协会商会是否具备登记条件进行形式审查并且同时赋予其监督管理权和处罚权，而业务主管单位则主要对行业协会商会的业务活动实施管理，监督行业协会商会是否按照宪法、法律、法规、国家政策以及章程开展活动等。2013年3月，十二届全国人民代表大会通过的《国务院机构改革和职能转变方案》提出改革工商登记制度，对按照法律、行政法规和国务院决定需要取得前置许可的事项，除涉及国家安全、公民生命财产安全等外，不再实行先主管部门审批，再工商登记的制度，这标志着对于行业协会商会的行政管理从传统的双重管理体制逐渐转变为直接登记制。由此本文认为，对于行业协会商会自治规则的行政规制也应逐步实行由登记主管部门主要负责对自治规则内容的形式审查，然后对于行业协会商会依据自治规则所实施的具体行为，则由各主管部门对应管理，如针对行业协会商会利用自治规则开展的不正当竞争行为，则可以由工商和价格主管部门采取相应的规制措施。除此之外，本文认为对于行业协会商会自治规则的行政规制还应完善如下部分：(1)按照《社会团体登记管理条例》的规定，行政监督仅针对行业协会商会章程，对行业协会商会自治规则的内容覆盖不全面，应当将行政监督的范围扩展至包括行业规范、行业标准等在内的全部自治规则，行业协会商会章程仅是规定行业协会商会组织及活动基本原则的文件，事实上对公民权利甚至社会公益施加更多影响的是行业规范及行业标准。行业规范规定了行业协会商会和其成员的行为准则以及相应的惩戒措施，行业标准则是在整个行业范围内统一适用的技术要求，这两者往往会对成员提出更为具体性的要求，因此更应当纳入行政规制的范畴。(2)监督方式应当重程序、重间接。2015年中共中央办公厅、国务院办公室印发了《行业协会商会与行政机关脱钩总体方案》，此方案中强调的与行政机关脱钩并非是指行业协会商会要脱离行政监督，而是要求避免行政对行业协会商会的直接控制，因此行政监督应当着重于对自治规则的程序性、间接性监督，即政府一般不主动干预自治规则的制定，但是如若发现自治规则侵犯了成员的参与权、知情权、表达意见权、平等权等，登记机关或其他单位可以要求自治规则停止适用或者撤销。[①]（3）注重事后监督。“没有救济就没有权利”，行政机关事务繁杂，其对于自治规则的主动审查毕竟有限，如果能够引入有效的事后审查机制，将行业协会商会的成员、社会公众等纳入到审查主体，则可以实现对行业自治的充分监督，即可以建立起对自治规则的复议审查机制，如成员或社会公众认为自治规则的内容不合法、不合理或者行业协会商会依据自治规则对其权益造成不利影响的，可以向相关单位申请复议。复议相较于诉讼而言程序相对简便，因此行政机关可以及时的纠正行业协会商会依据自治规则所作的错误决议，从而为公民、法人或者其他组织提供更为高效的保障。

（三）司法审查

权力制约之必要性以上已有论述，但制约之途径亦多种多样，包括备案审查、行政监督以及司法监督。司法是维护社会公平正义的最后一道防线，相较于备案审查的间接抽象、制度固化，行政监督的权力扩张、易于异化，司法因其谦抑性、公开性、公正性，由其对自治规则进行审查则更为有效妥帖。[②] 目前，理论与实务界对于司法介入审查自治规则的做法普遍持支持态度，丹宁勋爵在其《法律的训诫》中提到：“在最近的 30 年间，法院做了许多工作去保护个别成员反对团体本身对他的不公正的做法。法院谴责那些对职业进行不适当限制的规章，并认为它们

① 参见龚道伟：《行业协会规范治理权及行政法规制研究》，西南政法大学 2013 年硕士学位论文。

② 参见丁炜炜：《行业自治规则与国家法的博弈分析》，载《法制与经济》（上旬）2012 年第 6 期。

是无效的。”[①] 然而，由于行业协会商会的法律地位不清，“权力—权利”的双重属性，导致其既不受行政法律关系调整也被排斥于民事法律关系之外，司法审查难以进行，如前几年较为轰动的广州吉利和长春亚泰状告足协案，就凸显出这一问题[②]，司法审查的缺失一方面导致行业协会商会成员程序救济的缺位，另一方面也间接地造成了权力制约的失衡。本文认为在处理行业协会商会与其成员以及非成员的权利义务关系上，行业协会商会更多地被定位为公共管理者的角色，故更偏向于行政主体的定位，但由于学术界对于行业协会商会的性质定位仍然存在较大争议，故可以考虑先以最高人民法院指导性案例的形式将行业协会商会的行政主体地位予以确定，如此既可以解决实践中司法审查的困难，也可以避免直面争议。综上所述，自治规则应当为司法审查预留空间，即赋予成员就行业协会商会自治规则及行业协会商会依据自治规则所作的具体行为向人民法院提起诉讼的权利，与此同时，应当明确司法审查的基本原则。司法对自治的介入也并非无限，否则又会导致国家权力对行业自治权的过分侵蚀，故对自治规则司法审查的原则包括以下四点：一是司法审查必须以内部救济之穷尽为前提，即行业协会商会的成员在其权益受到侵害之后，不应立即诉诸法律，而是应当先行向行业协会商会的会员大会、理事会、监事会等内部机构提出请求，要求其更正不合法或不合理的自治规则或者停止侵害其合法权益的某种行为，如果在一定期限内行业协会商会的相关机构对其请求置之不理或者其处理方式不能解决冲突，该成员则可以向人民法院提起行政诉讼；二是司法审查一般仅针对自治规则中涉及公民基本权利以及会对

① ［英］丹宁勋爵：《法律的训诫》，杨百揆、刘庸安、丁健译，法律出版社1999年版，第166页。

② 参见黎军：《行业自治及其限制：行业协会研究论纲》，载《深圳大学学报（人文社会科学版）》2006年第2期。

成员权益产生重大影响的事项，如行业协会商会依据自治规则对成员采取开除会籍、公开曝光等会对成员今后从事该行业工作产生较大负面影响的处分措施；三是司法审查侧重程序性审查而非实体性审查，这是因为行业协会商会的自治规则及其相关决议一般较为专业，法院很难从实体层面审查其是否恰当，因此其主要是通过对正当程序的审查来考量其是否合法、合理，如审查行业协会商会依据自治规则所作的决议是否听取了相关成员的申辩，是否向其说明理由等；四是司法审查侧重合法性审查而非合理性审查，因为司法的专业在于法律，合理性审查的事项属于行业协会商会的术业范畴①，如此能够在保障成员合法权益的前提下最大限度的维护行业协会商会的自治。

四、结　语

综上，随着市场经济的快速发展，行业协会商会大量涌现且覆盖各行各业，逐渐在社会公共管理、政府企业沟通、制约国家权力等方面发挥重要作用，而行业协会商会发挥重要作用的基石是其良好的自律管理机制。行业协会商会作为社会自治组织，主要依靠自治规则实行自律管理，良好的自治规则既可以避免不合法、非理性的集体行为，还可以使成员、非成员权益以及社会公益获得充分的保障。为此本文通过分析行业协会商会自治规则的三性即自治性、行业性和准法性，明确了自治规则的效力边界即自治规则低于宪法及其他法律的效力位阶，非特殊情况效不外溢的效力范围以及区别于国家强制性的内部制裁的效力实现方式。厘清行业协会商会自治规则的效力边界仅仅是迈出了合法性规制

① 黎军：《论司法对行业自治的介入》，载《中国法学》2006 年第 4 期。

的第一步，更为重要的是要通过备案审查、行政规制以及司法审查等三个维度来对行业协会商会自治规则的制定与执行实施监督控制，避免其逾越法治的轨道而对正在蓬勃发展中的行业协会商会事业产生不利影响。对行业协会商会自治规则的规制是为了促使其更好发展，使其更加健康地发展成为中国特色社会主义市场经济体制的重要力量。

第二章　行业协会商会自律立法问题研究

第一节　行业协会商会立法的理路与框架①

党的十八届三中全会提出全面深化改革的总目标是完善和发展中国特色社会主义制度，推进国家治理体系和治理能力现代化，其中创新社会治理体制要求激发社会组织活力，限期实现行业协会商会与行政机关真正脱钩。随后，党的十九大报告中进一步提出在社会治理方面要打造共建、共治、共享的社会治理格局，加强社区治理体系建设，推动社会治理中心向基层下移，发挥社会组织作用，实现政府治理和社会调节、居民自治良性互动。这些均为行业协会商会的建设和发展提供了新的时代条件，也表明行业协会商会作为社会组织的重要一员，其应当明确自身的时代定位，把握历史契机和机遇，自觉融入社会治理新格局，积极履行自我使命。

一、行业协会商会的时代定位和使命

行业协会商会是我国经济建设和社会发展的重要力量，目前

① 本文作者：江国华，武汉大学法学院教授、博士生导师，国家“2011 计划”司法文明协同创新中心首席科学家。主要研究方向：宪法学与行政法学。

一些行业协会商会还存在政会不分、管办一体、治理结构不健全、监督管理不到位、创新发展不足、作用发挥不够等问题。[①]明确行业协会商会的职能定位，有利于指明行业协会商会作为互易性自治组织在新时代的发展方向，有利于厘清政府、社会与市场三者之间的边界与联系，同时也为调整行业协会商会关系的法律、政策等的制定提供了理论依据。[②] 新时代行业协会商会的时代定位和使命，重点应在于服务政府和服务企业，服务政府包括行业协会商会承接政府职能转移以及政府购买行业协会商会服务两方面内容，服务企业包括为企业提供咨询、教育、培训、信息收集等各项服务，推动企业更好更稳发展以及协调政府与企业间的关系，反映企业诉求，协助政府监管等。

（一）公共产品、公共服务、公共事业的承继者

随着市场化以及行政管理体制改革的深入推进，政府更多地将一些事务性、辅助性的社会公共职能下放或者转移到政府以外，与此同时社会公众对于公共产品、公共服务以及公共事业等的需求也随着市场经济的发展而大大增加。在这种社会变革的时代，行业协会商会作为介于政府与企业之间的社会组织，逐渐成为公共产品、公共服务、公共事业的承继者。[③] 十八届三中全会明确指出，推进社会组织明确权责、依法自治、发挥作用；适合由社会组织提供的公共服务和解决的事项，交由社会组织承担；重点培育和优先发展行业协会商会社会组织。党的十九大报告中更是对社会组织在经济建设、民主协商、社会治理、环境保护和

---

① 中共中央办公厅、国务院办公厅印发《行业协会商会与行政机关脱钩总体方案》，载中国政府网 http：//www. gov. cn/zhengce/2015 - 07/08/content_ 2894118. htm，最后访问时间：2015 年 7 月 8 日。

② 张建民：《全面深化改革时代行业协会商会职能的新定位》，载《中共浙江省委党校学报》2014 年第 5 期。

③ 王芳：《政府向行业协会商会转移职能的研究——基于温州市与天台县的案例》，浙江大学 2015 年硕士学位论文。

生态文明建设等方面提出了新要求、新希望。为此行业协会商会应加快自身的市场化转型升级，提升自我的综合服务能力，完善组织设置和运行机制，逐渐发展成为真正独立和高效履行社会职能、自主发展、自律管理的社会主体。① 与此同时，还应当实现行业协会商会“宽进严出”机制，建立等级评估与竞争机制，即规定达到一定等级的行业协会商会才能与政府签订服务采购协议，并且对长期处于低等级的行业协会商会实行“末位淘汰”制。

（二）政府与企业之间的沟通者

行业协会商会与行政机关脱钩改革的深化，使得行业协会商会逐渐摆脱了以往“二政府”的头衔，真正成为了会员利益的代表者，成为独立于政府存在的平等的法律主体。搭建起会员与政府良性互动的桥梁，其可以通过各种方式向政府反映本行业会员发展的困难和需求，也可以作为独立的社会主体参与国家关于行业建设、发展的政策讨论和制定。除此之外，行业协会商会还充当着政府实行行业管理的媒介。近年来，“大社会小政府”法治理念的树立，促使社会治理方式发生很大变化，政府逐渐由原先对微观经济的全面掌控转变为宏观调控，而在这种情势之下，行业协会商会就可以将原先由政府承担的微观管理职能承担下来，并通过开展各项活动将国家的各项方针政策准确、高效地传达至基层。从某种意义上来说，行业协会商会就是充当着政府与企业之间沟通的桥梁，起着上命下达、下情上报的作用。

（三）行业企业的服务者与组织管理者

党的十八届四中全会提出，支持行业协会商会类社会组织发挥行业自律和专业服务功能。行业协会商会作为以提供行业共性

① 白玉光：《浅谈行业协会在新旧动能转换新时代发展机遇和养老金融发展新形势》，载《县域观察》2018 年 3 月 28 日。

服务、产品为核心功能的行业性自治组织[①]，服务企业应为其基本职能，而服务一方面是通过为开展行业调研、发布信息咨询、开拓市场、开展教育培训、开展技术服务等方式来提高行业企业的市场竞争力。另一方面则是通过解决争议冲突、促进经济技术合作等方式来协调行业企业之间的竞争与合作，以及协调行业内外的关系，从而促进整个行业最广泛的利益得以保障。[②] 除了服务职能，行业协会商会最根本的职能是实行行业自律管理，行业协会商会得以存在的根本原因就是其相对于组织成员而言，处于组织管理者的地位，因而其可以通过制定自治规则，对于违反国家法律法规以及行业协会商会自治规则的行为，进行监督并施以处罚等方式来规范行业行为，从而维护行业秩序与法律秩序的和谐稳定。[③]

二、行业协会商会立法的模式选择——"1＋X"模式

我国现行的行业协会商会的立法模式主要采用的是分散的组织法模式及统一的行为法模式，即由《社会团体登记管理条例》统一规定了行业协会商会的运行程序，而对于行业协会商会实体权利地位的确认则是由注册会计师法、律师法[④]和相关部门、地方颁布的行政法规、部门规章、地方性法规、规章等来予以实现的。在现行的立法模式之下，我国的行业协会商会立法存在着适用范围狭窄、立法内容不健全、立法层次较低等诸多弊端，为此

---

① 傅昌波、简燕平：《行业协会商会与行政脱钩改革的难点与对策》，载《行政管理改革》2016 年第 10 期。

② 李利利：《脱钩后，行业协会商会路在何方》，载《山东青年》2017 年第 3 期。

③ 孙懿靖：《论行业协会的自律作用》，载《商》2016 年第 20 期。

④ 黄大辉：《论我国律师行业自治的法律保障》，黑龙江大学 2010 年硕士学位论文。

我们有必要在借鉴世界各国关于行业协会商会立法模式之经验以及总结我国各地方关于行业协会商会立法模式之实践的基础之上，探索重构我国行业协会商会的立法模式。

（一）我国行业协会商会立法的历史沿革

1. 中华人民共和国成立前后。晚清时期便有对商会的相应立法，如《奏定商会简明章程》①，北洋政府时期更是出台了中国近代史上第一部以《商会法》命名的商会立法②。南京国民政府时期，成立民众团体整理委员会修订《商会法》和《工商同业公会法》③。中华人民共和国成立以后，《中国人民政治协商会议共同纲领》第五条明确规定：中华人民共和国人民有结社的自由权。1954 年宪法在共同纲领的基础之上明确将结社自由权列为公民的基本权利之一，自此行业协会商会产生的宪法基础得以奠定。同时，1950 年先后又相继出台了《中华人民共和国工会法》《社会团体登记暂行办法》及其实施细则、《工商业联合会组织通则》④，形成了以宪法为导向，多部法律、行政法规为依据的行业协会商会立法模式。

2. 改革开放后。1978 年十一届三中全会提出要建立社会主义下的市场经济体制，实行对内改革，对外开放的政策。自此，行业协会商会立法迎来了繁荣时期。1986 年民法通则第五十条明确规定了社会团体法人为我国行业协会商会的发展奠定了法律基础，1989 年 10 月 25 日出台的《社会团体登记管理条例》为行业

---

① 魏静：《商会法律制度研究》，西南政法大学 2007 年博士学位论文。

② 王静：《中国近代商会法的演进与影响》，载《天津社会科学》2012 年第 5 期。

③ 葛宝森：《保定商会、同业公会与国民政府关系探析（1928—1937）》，载《河北工程大学学报（社会科学版）》2012 年第 4 期。

④ 周兴君：《我国商会立法研究》，首都经济贸易大学 2013 年硕士学位论文。

协会商会登记管理创设了明确的法律依据[①]，此后又出台的《国家经贸委关于加快培育和发展工商领域协会的若干意见（试行）》明确规定了行业协会商会的地位、作用、设立以及职能等。同时，针对特殊行业、特殊群体，我国还相应的制定了如《外国商会管理暂行规定》《对外经济贸易社会团体管理办法》《中华人民共和国证券法》等诸多规定。除中央立法之外，各地针对自身发展情况，也相继出台了关于行业协会商会的地方规范性文件，如《深圳经济特区行业协会条例》《温州市行业协会管理办法》等。[②] 在这一阶段，我国行业协会商会的立法模式主要表现为基于宪法、民法通则的以《社会团体登记管理条例》为主导的行为法模式和多元多级的分散型组织法模式。

3. 立法探索阶段。2008 年，“行业协会商会法”被列入第十一届全国人大五年立法规划。[③] 2013 年，国务院发布的《国务院机构改革和职能转变方案》提出，要改革社会组织管理制度，加快形成政社分开、权责明确、依法自治的现代社会组织体制，逐步推进行业协会商会与行政机关脱钩，强化行业自律，使其真正成为提供服务、反映诉求、规范行为的主体。2015 年，中共中央办公厅、国务院办公厅印发了《行业协会商会与行政机关脱钩总体方案》，并根据这一方案相继出台了《关于印发〈全国性行业协会商会负责人任职管理办法（试行）〉的通知》《关于做好行业协会商会承接政府购买服务工作有关问题的通知（试行）》等一系列规定，这些规定在一定程度上促进了行业协会商会的规范发展。2017 年，民法总则明确将社会团体法人列为非营利法人，

① 龚禄根：《中国社会中介组织发展研究》，中国经济出版社 2006 年版，第 147 页。

② 周兴君：《我国商会立法研究》，首都经济贸易大学 2013 年硕士学位论文。梁泠曦：《行业协会立法呼之欲出》，载《中国安防》2010 年第 3 期。

③ 隋曲阳、张冉：《国家法规视阈下的行业协会——概念界定和法规演变》，载《上海商学院学报》2014 年第 3 期。

并就其组织设置、运行机制等作了原则性的规定。

4. 分析启示。从上述对我国行业协会商会立法的历史沿革的分析来看，早在晚清民国时期，我国就曾经颁布过统一的《商会法》来调整与行业协会商会有关的社会关系，但是中华人民共和国成立至今，我国尚未制定一部统一的行业协会商会法，而一直采用的是以宪法、民法以及经济法等领域法律法规的相关规定，各部门、地方颁布的规章规定等进行的分散立法模式。这种分散立法模式在原先社会主义法律体系尚未完全建立时期，是有利于保障立法效率以及规避因立法基础薄弱而导致的立法架构粗糙等问题的，然而当下我国社会主义法律体系基本建构完成，立法技术和立法水平也有了长足的进步，此时制定统一的行业协会商会法是十分可行的，同时由于市场经济的快速发展，行业协会商会作为中介组织，其地位逐渐凸显，因而亟须一部行业协会商会法来保障其能够自主发展和自律管理。

（二）世界各国行业协会商会立法模式比较

由于各国行业协会商会发展程度、立法传统、立法技术偏好等诸多因素，行业协会商会立法模式也存在着差异，概括而言主要存在着三种模式：大陆模式、英美模式和混合模式。

1. 大陆模式。以德国和法国为代表的大陆模式，行业协会商会属于公法人，具有公共权力①，承担政府公共职能，获取政府资金支持，而政府对于行业协会商会的监督也较为严格。因此大陆模式下的行业协会商会立法主要采用的是统一立法的形式，如德国主要采行民法典担纲组织法，《德国工商会法》《社团法》《手工业条例》等作为补充，财税法作为行为法的调

① 童海生：《商会发展中政府责任问题研究》，安徽大学 2014 年硕士学位论文。

整模式[①]；法国主要通过设立《商会法》以及诸多有关商会的法律、政令等来统一规范行业协会商会的组织设置和运行机制。

2. 英美模式。以英国和美国为代表的英美模式，政府不赋予行业协会商会任何职能，行业协会商会自由优胜劣汰，政府只在非常少的方面对其实施监管。[②] 因此英美模式下的行业协会商会立法主要采用的是分散立法的形式，即没有特定的行业协会商会法律法规，如英国主要采行分散单行法担纲组织法，公益组织或慈善组织认定法作为行为法的调整模式；美国行业协会商会的设立以及内部关系等主要由各州公司法、非营利性组织法以及与之相关的一系列法令来规范，其行为则主要由《联邦税法典》来予以调整。[③]

3. 混合模式。以日本为代表的混合模式，行业协会商会承担的公共职能相对较少，政府资金支持也较少，政府的监管比大陆模式相对宽松。因此混合模式下的行业协会商会立法有采行分散的组织法与合一的行为法模式，或者如日本针对公益法人和 NPO 法人分别采行组织法与行为法分立模式以及组织法与行为法合一模式，其针对公益法人主要采行以《日本民法典》为主导，多部专门法律如《日本贸易振兴会法》为补充的组织法模式，以《关于公益社团法人以及公益财团法人认定等法律》来规制公益法人的行为。[④] 而针对 NPO 法人，其 2011 年修订的 NPO 法实行 NPO

---

① 伍治良：《我国非营利组织立法的原则、模式及结构》，载《经济社会体制比较》2014 年第 6 期。

② 沈永东、宋晓清：《新一轮行业协会商会与行政机关脱钩改革的风险及其防范》，载《中共浙江省委党校学报》2016 年第 2 期。

③ 伍治良：《我国非营利组织立法的原则、模式及结构》，载《经济社会体制比较》2014 年第 6 期。

④ 别亚楠：《中国商会模式与立法研究》，吉林大学 2017 年博士学位论文。

法人资格认证与税收优惠资格认定的有机统一。①

4. 分析启示。对行业协会商会法这三种立法模式进行分析可以看出，以民法典担纲组织法的德国模式无法满足复杂的组织法内容规制的需要，分散单行法担纲组织法之英国模式导致组织法内容缺乏体系的协调，行为法采取税法的美、德模式或公益组织、慈善组织认定法的英国模式，因与组织法并行存在，使得立法成本较高，立法不够简约。而法国虽然采用了组织法与行为法合一的模式，但是其因缺少统一的行业协会商会基本法，使得立法重复、矛盾现象严重。日本的混合模式则极易因待遇不同，而导致行业协会商会间的不合理竞争。

（三）我国行业协会商会立法模式的选择

通过上面对行业协会商会立法模式的纵横比较，可以较为清晰地看出，从立法形式上而言，分散立法模式相较于统一立法模式存在法律规定重复、矛盾，以及内容缺乏体系协调的问题，人们难以对行业协会商会的基本性质作整体把握。从立法内容上而言，组织法与行为法分立模式相较于合一模式，成本较高且立法繁琐。因此，未来我国行业协会商会立法应认真总结各地行业协会商会立法模式的实践并合理吸纳域外行业协会商会立法模式经验，继承我国成文法的传统并适度创新，采行组织法与行为法合一的统一立法模式。

1. 以宪法和民法总则为统帅。宪法第三十五条关于“结社自由”的规定为行业协会商会立法提供宪法依据，民法总则中关于“社会团体法人”的规定又是全面深入落实公民结社权的重要制度，其第八十七条第二款规定：“非营利法人包括事业单位、社会团体、基金会、社会服务机构等。”第九十条规定：“具备法人条

① 伍治良：《我国非营利组织立法的原则、模式及结构》，载《经济社会体制比较》2014 年第 6 期。

件，基于会员共同意愿，为公益目的或者会员共同利益等非营利目的设立的社会团体，经依法登记成立，取得社会团体法人资格；依法不需要办理法人登记的，从成立之日起，具有社会团体法人资格。”第九十一条中规定：“设立社会团体法人应当依法制定法人章程。社会团体法人应当设会员大会或者会员代表大会等权力机构。社会团体法人应当设理事会等执行机构。”以上这些规定为行业协会商会的性质地位、设立登记、组织设置等提供了原则指导。

2. 以行业协会商会法为主导。结合我国的立法现状以及行业协会商会的发展实况，首先，宪法和民法总则作为我国的根本法和基本法，因其篇幅有限，并不能调整一切与行业协会商会有关的法律关系。其次，行业协会商会的快速发展，亟须一部统一的行业协会商会法来对其法律属性、组织设置、职能、活动、规制与救济、责任等进行全面的规定，从而保障行业协会商会的整体发展以及有效规制。

3. 以单行法为补充。行业协会商会的发展与规制仅仅依靠统筹全局的行业协会商会法仍是远远不够的，其还应当有与其相配套的单行法来予以补充。因为行业协会商会法只能对行业协会商会的一般性问题作出调整，而针对一些特殊领域如律师行业、证券行业等则需要特殊法来具体的予以规制。因此我国需要根据各行各业的实际发展情况，有针对性、有重点的开展不同领域、不同类型的行业协会商会单行法立法工作。

三、行业协会商会立法的框架建构

从上述对于我国行业协会商会立法模式的分析可以看出，未来我国行业协会商会立法应当选择采行组织法与行为法合一的统一立法模式，建构以宪法和民法总则为统帅，“行业协会商会法”

为主导，多部单行法为补充的“1 + X”行业协会商会法律体系。其中“1”——“行业协会商会法”的构建至关重要，其可以为调整行业协会商会关系的其他法律法规提供价值性指引，同时也可以统筹全局，对行业协会商会的一般性问题作出规定，如规定行业协会商会的定义、性质等。对于行业协会商会立法的框架建构，结合我国的立法传统和实践，具体可分为总则、分则和附则三个部分，包含法律属性、组织设置、职能划分、运行机制、规制与救济以及法律责任等内容。

（一）总则

总则是关于行业协会商会组织设置和运行机制的一般原理原则的规范，其主要是为分则提供一些普遍性的规定。总则的内容主要有：

1. “行业协会商会法”的立法目的，即为完善社会主义市场经济体制，树立科学发展观，建立和谐社会，加快促进行业协会商会的改革和发展，确定其在社会主义市场经济中的地位，发挥其在社会主义市场经济中的作用，规范行业协会商会组织和行为，保障行业协会商会依法开展活动，维护行业协会商会的权益，特制定本法。

2. 立法依据主要是《中华人民共和国宪法》和《中华人民共和国民法总则》。

3. 内涵即本法所称行业协会商会，通指所有的以提供行业共性服务、产品为核心功能的行业性行业协会商会。①

4. 适用范围即全国范围内行业协会商会的设立、变更、终止、开展活动及其监督管理，适用本法。

5. 基本原则包括自由性原则、自治性原则、自律性原则、非

① 傅昌波、简燕平：《行业协会商会与行政脱钩改革的难点与对策》，载《行政管理改革》2016 年第 10 期。

营利性原则以及培育与规制并重原则。

6. 行业协会商会的性质和法律地位等。

这些内容的创新之处在于：明确行业协会商会是业界为维护自身利益而自愿成立的互益性自治组织的法律属性[①]；明确行业协会商会的自由性、自治性、自律性以及非营利性等特征；明确行业协会商会的职能定位，合理界定其与政府间的关系。

（二）分则

1. 行业协会商会的设立、变更与终止。在行业协会商会市场化改革的过程中，关于其设立、变更和终止的规定，是体现其管理模式转变的重要方面。易继明教授指出，“我国行业协会总体上呈现出‘独立而不自主的特性’”，提出在进一步深化市场化改革的过程中，应该以塑造行业协会的自治性、自主性、自律性为导向。[②] 因而本章在规定行业协会商会设立的方式、条件、程序，合并及分立的形式、限制及程序，权利义务承担、终止的法定事由及程序，债务清偿及剩余财产归属等事项时，首先，应当明确行业协会商会发起、参加与退出的自愿原则；其次，应放宽行业协会商会的准入门槛，如降低行业协会商会设立条件，放宽人员、资金要求及竞争与规模限制，建立登记准则主义制度，简化设立程序，赋予无害于社会公共秩序的未登记团体以民事主体地位；再次，在监管方式上应探索从双重监管体制向合规性监管体制的转变[③]；最后，区分行业协会商会变更与终止的不同路径（主动与被动）。

---

① 浦文昌：《行业协会商会参与国家治理的顶层设计与配套改革——建设中国特色商会组织的比较研究》，载《中共浙江省委党校学报》2016 年第 2 期。

② 易继明：《论行业协会市场化改革》，载《法学家》2014 年第 4 期。

③ 郁建兴、沈永东、周俊：《从双重管理到合规性监管——全面深化改革时代行业协会商会监管体制的重构》，载《浙江大学学报（人文社会科学版）》，2014 年第 44 卷第 4 期。

2. 组织机构。改革开放以后，我国行业协会商会无论是在数量还是覆盖面上均扩张迅速，其已成为国家治理体系中不可忽视的重要力量，但是从总体来看，我国行业协会商会的发展仍处于初级阶段，并且随着全面深化改革的不断推进，其内部治理问题逐渐凸显，成为制约其发展的重要因素。[①] 因而本章在规定行业协会商会组织机构的产生、任期、职权、会议召集、理事、监事的信义义务及民事责任时，首先，要明确行业协会商会的组织机构设置，具体包括会员（代表）大会、理事会、监事会、秘书长、党建工作机构等；其次，要健全权责明确、相互制约、协调运转和科学决策的行业协会商会治理机制，即合理划分各组织机构的职责权限，保障行业协会商会依法自治；最后，要规范行业协会商会理事、监事的信义义务及民事责任追究机制，确保理事、监事依法履行职责，切实维护行业协会商会权益。

3. 职能划分。党的十八届三中全会提出“限期实现行业协会商会与行政机关真正脱钩”的要求，行业协会商会与行政机关脱钩改革就是要厘清政府、市场与社会三者之间的职能划分，建立政府依法行政、行业协会商会依法自治的现代国家治理体系。本章规定的行业协会商会的职能主要包括沟通、协调会员与政府、公众之间的关系，向政府传达会员诉求，同时协助政府制定和实施有关行业协会商会发展和管理的规定；制定并执行行业协会商会自治规则，促进行业和会员公平竞争和有序发展；受政府委托，承担如资格审查、发放许可等事务；为会员提供服务，如为会员调查、收集本行业国内国外发展情况，为会员提供咨询、教

① 倪咸林：《行业协会商会脱钩后完善内部治理研究》，载《行政管理改革》2016 年第 10 期。

育、培训服务等。①

4. 活动原则。在国内诸多关于行业协会商会问题的研究讨论中，人们达成了赋予行业协会商会自由权的共识，但是自由并非毫无界限的，孟德斯鸠曾说："自由是在法律许可的范围内任意行事的权利。"换句话说，法律应当为一个人的自由划定范围，从而避免其侵犯到别人的自由。本章规定的行业协会商会的活动原则就是为其自由行为设定的标准，具体包括：行业协会商会应坚持"自主办会"原则；行业协会商会必须遵守宪法、其他法律和国家政策，维护国家统一、民族团结和经济安全，维护国家利益、社会公共利益、尊重其他组织和公民合法权益，履行社会责任，遵守社会公德；行业协会商会不得以营利为目的从事活动，不得投资举办各类经济实体，不得提供营利性服务，不得从事商事性竞争，独占行业利益，垄断价格，进行不正当竞争，不得利用行业评比，优质产品推荐等活动从事不公平、不正当的行为，损害会员的正当竞争机会；行业协会商会应遵循政会分开原则，维持不介入行政性和竞争性行为的超脱、权威地位。

5. 规制与救济。随着政府职能转变、市场经济发展，行业协会商会承担了越来越多的社会管理和公共服务职能，但由于其易受到"行政化"和"商业化"的影响②，需要通过政府监督、社会监督和自律监督的合理规制来避免其因滥用自治权而降低公信力。本章规定的行业协会商会的规制与救济主要包括：备案审查，即通过对行业协会商会各项活动的事前审查，来避免其自治权的过度扩张；行政规制，即由政府依法对行业协会商会执行有

---

① 龚禄根：《中国社会中介组织发展研究》，中国经济出版社 2006 年版，第 126—127 页。

② 周俊：《行业协会商会的自治权与依法自治》，载《中共浙江省委党校学报》2014 年第 5 期。

关法律法规、规章制度的情况进行监管；司法救济，即明确行业协会商会的法律地位，并赋予公民就行业协会商会的行业行为提起诉讼的权利。

6. 法律责任。有权必有责，用权受监督。在现代法治国家，任何社会主体的行为都应当受到法律的约束，如此才能保证法律的有效适用，因此，明确行业协会商会的法律责任是完善中国特色社会主义法治体系的重要一环。本章规定的行业协会商会的法律责任主要包括刑事责任、行政责任和民事责任三种类型。具体规定有对行业协会商会违法行为的批评、警告、责令改过、整顿、撤销等行政责任。涉及行业协会商会的违法行为具体有设立、变更、终止行为违法；无权、越权、滥权行为，如从事营利性活动等；抗拒监督检查或弄虚作假；侵占、私分、挪用行业协会商会资产；等等。需要注意的是行业协会商会法不仅应规定行业协会商会的法律责任，还应同时规定有关直接责任人员的法律责任。

（三）附则

附则，是指附在法律、法规后面用以辅助总则和分则的部分。[①] 其主要内容包括：

1. 规定行业协会商会法的生效时间以及明确先前调整行业协会商会关系的法律规定是否废止。

2. 行业协会商会法的适用范围，即对于国家法律已有特殊规定的行业协会商会继续适用相应法律。

3. 关于授权制定实施细则或具体办法的规定，如规定各省、自治区、直辖市人民政府可以根据本法制定实施办法。

4. 其他不适合在总则和分则中规定的内容。

---

① 周旺生、张建华：《立法技术手册——立法支持经济改革丛书》，中国法制出版社 2000 年版，第 298 页。

四、结 语

首先，随着行业协会商会脱钩改革的不断深化，十九大“共建、共治、共享”社会治理理念的提出，行业协会商会作为公共产品、公共服务、公共事业的承继者，政府与企业间的沟通者，行业企业的服务者和组织管理者的时代定位和使命逐渐明晰。

其次，法律制度的缺失一直是制约我国行业协会商会发展的重要因素，社会各界对于制定行业协会商会法的呼吁由来已久，全国人大常委会法工委也曾将该项工作列入立法计划，但迄今为止，仍未出台相关法律法规。[①] 本文立足于对世界各国行业协会商会三种立法模式的分析以及对我国行业协会商会立法的历史沿革的梳理，具体论证我国未来行业协会商会立法应当采用组织法与行为法合一的统一立法模式。

最后，本文对统一立法模式下我国行业协会商会立法的框架及重点进行了构建[②]，大体应包括总则、分则、附则三个部分。总则体现为对行业协会商会原则性问题的调整，主要包括“行业协会商会法”的立法目的、立法依据、内涵及性质、法律地位和协会商会活动应遵循的基本原则；分则则是“行业协会商会法”的关键部分，主要规定行业协会商会的设立、变更与终止、组织机构、职能划分、活动原则、规制与救济、法律责任等；附则规定的主要是“行业协会商会法”的生效期限、

---

① 郁建兴：《全面深化改革时代行业协会商会研究的新议程》，载《行政论坛》2014 年第 5 期。

② 卢良：《论我国商会立法及其模式选择》，兰州大学 2013 年硕士学位论文。

授权规定以及特殊行业继续适用相应法律等内容。[①]

第二节 《上海市促进行业协会发展规定》的制定及其主要内容[②]

《上海市促进行业协会发展规定》（以下简称《规定》）是2002年10月31日经上海市人大常委会会议表决通过的，在实施8年后，于2010年7月30日在保持原有立法框架的基础上作了一次修正。

一、制定的背景

1. 中国加入世界贸易组织的重大背景。2001年，我国加入了世界贸易组织（WTO），这标志着我国开始进入世界自由贸易体系，走向全方位对外开放、与国际经济接轨的新时期。WTO对政府管理体制提出新的挑战，要求用WTO的法律框架来约束成员国政府在经济活动中的行政职能和行政程序。在此背景下，地方政府率先对社会团体登记管理制度进行了改革探索，以行业协会的身份代表企业跻身世界贸易，不仅是企业梦寐以求的，也是市场经济的大势所趋。

2. 政府职能转变的迫切要求。行业协会作为政府和企业以外的其他社会组织，在发达的市场经济国家中已有很长的发展历史。行业协会在参与社会管理、维护行业利益、促进经济发

---

① 李文：《论我国商会法律地位确立及立法制度安排》，载《商业时代》2010年第21期。

② 本文作者：郑辉，上海立法研究所副所长。

展、规范市场运行以及沟通政府、企业和市场之间的联系方面发挥了重要的作用。早在 20 世纪 40 年代，上海的行业组织——同业公会一度相当发达，多达 400 多家，覆盖了当时整个工商业。改革开放后，上海行业协会复萌，1997 年又被国家经贸委列为全国行业协会试点的四个城市之一，一定程度上支持了上海产业结构调整、投资环境改善和政府职能转变。因此，促进行业协会的发展，规范行业协会的运行，是加快建立现代市场经济体制，切实转变政府管理职能，应对入世各项挑战，实现上海新一轮发展的重要举措。

3. 市委、市政府的高度重视和有力推动。为充分发挥行业协会的积极作用，2001 年年初，市政府决定组织有关力量就行业协会发展改革进行调研，在经过不到 10 个月紧锣密鼓的调研后，随即决定将推进行业协会的改革与发展作为入世的重要前提和抓手，作为上海市转变政府职能的重头戏。就全国而言，在当时算第一个对行业协会进行自觉改造的地方变革。市委、市政府提出的总体目标是：通过 5 到 10 年的时间，初步建立起与上海中心城市地位、产业布局结构相适应的，符合市场经济内在要求的，管理规范化、运行市场化、组织开放化的行业协会体系。着力从四个方面来入手：一是体制构架上，实行政会分开，做到自主、自立、自律与民主管理；二是在推进策略上，实行以增量加快发展带动存量改革的原则，实现以新促老；三是在生成机制上，倡导实行民间办会，政府加强监管，并作好引导指导；四是在发展空间上，实行开放性原则，打破地域、部门、所有制的封闭格局。市政府发布了《上海市行业协会暂行办法》（习惯上称为 2 号文）、《规定》，明确了行业协会的性质、地位及其职能。按照市场化原则，在“入市相关、新兴产业和优势产业”三个重点领域，新组建了近 60 家行业协会，完成了对原有的 133 家行业协会的改革调整。足可称道的是，2002 年一年中召开了三次全市行业协会推进工作大会，这在上海历史上是少见的。市委的高度重视，政府的自觉革命，为行业协会的健康发展营造了良好的环境。

4. 市人大常委会及时作出制度性回应。用现在的话语体系讲，就是顺应时代发展的潮流，按照市委的决策部署和改革要求，发挥人大在立法中的主导作用，实现了改革决策与立法决策的同步衔接和协调。正当市委、市政府大刀阔斧研究改革举措、如火如荼加快行业协会发展的时刻，市人大常委会也对此给予了高度关注并作出积极回应，不失时机地把行业协会立法问题摆上了常委会的议事日程：1999 年，国务院进行机构改革（被权威媒体称为“第七次革命”），中国入世也日渐临近，市人大财经委敏锐意识到，政府职能转变和中国入世必然要发挥行业协会的作用，于是在当年度就组织力量开展了“上海市行业协会政策法制环境研究”课题。应当说，这份报告在当时起到了一定的作用，引起了有关领导重视。与此同时，市人大代表在人代会上提出加快行业协会立法议案或书面意见，市政协委员也不断对行业协会健康发展建言献策。最值得一提的是，在 2000 年市人民代表大会上，沈国明等人大代表提出的议案尤其令人瞩目。他们的议案中写道，由于缺乏行业协会法规，致使人们对行业协会的性质、功能、运作方式等认识不一致，造成了行业协会的条块分割、难以自律、牟利运行、无所事事等情况不同程度存在，为此，吁请制定“上海市行业协会管理条例”。议案一出，即成为会场上的热门话题。经大会主席团决定，列入正式议案，交付市人大财经委员会办理。在办理过程中，经与市政府沟通协调，被列入市人大常委会 2002 年度立法计划。也正是在“得道多助”、各方响应中，行业协会立法浮出了水面，走进了人们视野。

二、立法的思路和框架

2002 年春节过后，市政府就成立了由体改办、法制办、行业协会发展署等部门组成的联合起草小组，并邀请人大财经委和常委会法工委的同志参加。在连续调研 4 个月后，进入文本起草阶段，这个阶段就是在争论中逐步磨合，磨合中达成共识的阶段。当时，争论的焦点主要集中在立法的时机条件以及立法的指导思想和框架体例方面。

对于立法的时机和条件，主要有两种不同意见。一种意见认为，立法时机不成熟，条件也不具备。主要理由是，本市行业协会的改革与发展正在往前推进，2 号文实施时间不长，政府职能转变尚未到位，行业协会自身实践也不充分。此时匆忙立法，并不会有实际效用。另一种意见认为，如果长期缺乏法律的支持和规范，将导致行业协会进退失据无所适从，既可能导致一些行业协会手脚被束缚，也可能导致某些“无良”协会成为脱缰野马。所以，有必要抓住有利时机，通过立法明确行业协会的发展方向、职能定位和行为禁止等问题，同时明确政府给予必要的扶持和保障，促使政府切实转变职能。两种意见相持不下，尤其反对立法的意见一度占了上风。在“立与不立”的紧要关头，常委会党组研究作出决策，一致认为，现在是改革发展的最好时机，当然也是立法的最佳窗口，要抓住机会，乘势而上，把改革的成果用法规的形式确立下来，就是对行业协会健康发展的最大支持。同时，明确指出这项立法在本届任期内完成，不跨界审议。关键时刻，党组敢于决策，为立法工作的顺利进行指明了方向。

解决了要不要“立”的问题后，接下来起草组碰到的就是怎么“立”的问题。即立法的指导思想和框架体例。具体说，是制定综合性、完整性的法规还是“有几条搞几条”的规定？与市政府的2号文的关系如何处理？经过审慎思考和反复推敲，形成比较一致的意见：政府职能转变不可能一蹴而就，行业协会职能作用发挥有待探索实践，国家尚未制定一部统一的行业协会法律，与之相关的《社会团体登记管理条例》修订方向不明，行政审批制度改革也在抓紧推进。凡此种种，制定一部目标模式清晰、框架结构完整的综合性法规的条件还不具备，必须从实际出发，在2号文实践的基础上，不替代、不覆盖2号文，从“促进”的角度，重点突出政府对行业协会的培育和发展，解决行业协会的职能定位问题。这个思路向主要领导汇报后，很快达成共识：以2号文中的一些原则规定为基础，从更宏观更高的立意上强化政府对行业协会发展的促进和保障。同时，淡化有关行业协会设立管理方面的程序性要求，将法规名称确定为《上海市促进行业协会发展规定》，主要从行业协会的宗旨、原则、设立和组织机构、主要职能的履行以及政府提供保障等方面进行制度设计。

三、主要内容

通过的文本虽然仅仅23条2500字，可以说也是一路“争吵”的结果。主要围绕行业协会的管理体制、分类标准、政会分开、职能定位及培育促进等问题展开。

1. 关于管理体制。我国对包括行业协会在内的社团管理一直采取登记管理机关和业务主管单位双重管理的模式，这一模式在国务院《社会团体登记管理条例》中得到确立。双重管理对于规范协会内部运行机制、实施有效监管，固然是有必要的。但从协会成立和发展来看，有其局限性，要想成立一个行业协会，就必须得找一个“婆婆”，这样一来，要领取“准生证”就显得很困难，这个体制上的限制长期以来被不少人看做是行业协会难以克服的“死穴”。为此，市政府在改革推进中，创造性地设立了“行业协会发展署”，形成了社团登记管理机关、行业协会发展署和业务主管单位“三驾马车”式的新型管理体制，得到了国家民政部的支持。这一体制最大的优点是：政府行业管理部门不再作为行业协会的主管部门，转入政策制定和监督管理。同时，将政府主管部门对行业协会由“直接管理”改为“间接管理”。这一新体制在2号文中作了详细规定，在提请人大审议的草案中也作了同样表述。审议中主要有三种意见：第一种意见认为，这个体制为行业协会设置的管理部门太多，且直接挑战现行管理体制，核心问题是多头、多层次管理，不利于行业协会发展，也不宜在立法中规定；第二种意见认为，行业协会发展署的设立十分必要，对促进政会分开、打破部门地域所有制限制意义重大，在立法中作出规定必要可行；第三种意见认为，新体制可能不是最好的体制，但却是最现实的选择，这一体制正在探索实践中，对此问题可以在政府日常管理工作中予以解决，立法中可规定得原则些。最后采纳第三种意见，作概括性表述，即“市行业协会发展署、市社团登记管理部门和市政府有关工作部门应当按照各自职责，作好促进行业协会发展的具体工作”。随着本市行业协会改革的纵深推进，2005年，市政府组建社会服务局，取代了行业协会发展署，由此可见，对管理体制作出原则性规定还是有一定前瞻性的。之后，社会服务局撤销组建社会工作党委，实际上又朝行业协会实现直接登记制迈出了可喜的一步。

2. 关于协会设立标准。“一业一会”是《社会团体登记管理条例》中确定的基本原则。在起草2号文时就受到了广泛质疑。主要有两种意见：一种意见认为“一业一会”，另一种意见认为“一业多会”。市政府认为，在社会分工越来越细的情况下，可根据生产力发展的实际需要，在坚持“一业一会”原则的同时，应从不同层次和角度对行业协会分类标准进行细化，后来在2号文“设立原则”中分四款作了较为详尽的表述。审议中引发持续争论：有些委员赞成“一业一会”，认为这是国务院条例规定的，假如允许“一业多会”，就会形成恶性竞争，徒增企业入会成本，且毫无权威性可言；有些委员认为，限制竞争的“一业一会”，谁先成立谁就取得合法身份，没有竞争，不利于协会自身发展；有的委员尖锐地指出，如果只准“一业一会”，那么受法律保护的就只有“二政府”背景的行业协会；还有的认为，设立标准不宜限制过死，要有适当的灵活性。经过反复拿捏，认为对行业协会的设立标准，应持开明的态度，尊重市场力量并契合产业发展导向，既允许按照国家现行行业分类标准设立，也可以按照产品、经营方式、经营环节及服务功能设立，总之设立时要具有全市的行业代表性。这样，回避了“一业一会”字眼，更具开放性，既没有与国务院行政法规相左，又为行业协会的发展预留了制度空间。

3. 关于政会分开。这次立法的一个突出亮点就是在地方性法规中首次明确了政会分开的原则，解决政会分开是推动行业协会健康发展的关键。所谓政会关系，也就是政府与行业协会之间的关系。当时有这样几种观感：一种是行业协会要想发展壮大且有权威性，必须有“位”才能有“为”；第二种是有些协会有服务干事的良好愿望，但往往因能力不足经费匮乏而陷入尴尬境地；第三种是有的协会行业优势明显，市场化程度高，协会建设能力强，眼睛向下，瞄准市场做好会员企业的服务工作，做到了有“为”才会有“位”；还有一种就是有些协会有实现自律的想法，但手中因缺乏有效的制约手段导致弃而不用。同时，毋庸讳言的是，本该属于行业协会的职能，当时大多数都保留在政府职能部门中；有“料”的职能政府部门又不肯移交出去，乐于移交出去的职能几乎都是“难啃的骨头”；要转变政府职能将某些有“干货”的职能委托给行业协会行使，有可能使行业协会异化为“二政府”，有可能再给企业找个“新婆婆”；还有一部分协会总体处于“软弱无力”阶段，缺乏管理公共事务经验，即使给它职能也无力承担，更何谈树立权威性？见诸报章媒体披露出来一些行业协会遭遇诚信危机（欧典地板、全国牙防组），公信力受到严峻挑战。因此，面对现实行业协会究竟是应该“先规范”还是应该“先发展”就成为“先有鸡还是先有蛋”之争？如何使政府与行业协会在市场经济条件下良性互动、各得其所、相得益彰，的确很费思量，然而立法中这个问题又无法回避。同时，还有两个棘手问题也亟待破解，一个是行业协会领导的身份问题，就是说政府官员能不能担任协会领导职务？另一个是协会工作人员的编制、工资、福利及社会保障如何来考虑？审议中，可以说是唇枪舌剑。争议的焦点不是“要不要分”而是“应该怎么分”？具体“怎么分”需要大胆假设，小心求证：依目前的现实条件，推动行业协会的发展还离不开政府的支持，政府可以育苗、浇水、施肥、除草，可以给予阳光雨露，但不可拔苗助长。要医治“养人”“捞钱”这两大硬伤，要害不在于给编制，而在于不干预行业协会日常工作，从制度上落实“政会分开”；从组织上切断政府机构与行业协会的“血缘关系”，使行业协会与政府完全脱钩，杜绝行业协会异化为政府机构的翻版或者演变成政府机构的“附庸”。将原本不该由政府管理的职能彻底剥离出来，交由行业协会行使，使其真正依法依章程独立办会、规范运作，成为名副其实的行业自律组织。基于以上认识，最终形成了比较满意的第八条：“政府有关工作部门的机构、人事和财务应当与行业协会分开，其工作机构不得与行业协会办事机构合署办公。国家机关工作人员不得兼任行业协会的领导职务。”这一条当时在全国产生了积极影响，在随后的行业协会运作实践中，得到了印证，跟党的十八大以来的行业协会、商会改革的目标也是合拍的。

4. 关于行业协会职能定位。这个问题也是本次立法想解决的核心问题。主要观点有：一是哪些应属于行业协会的职能要由政府归还给协会，哪些公共管理事项可以通过授权或者委托的方式交由行业协会承担，要作明确界定；二是政府促进行业协会发展的举措不够清晰；三是在行业协会职能表述中，频频使用“可以”“根据实际情况”“必要时”等词语，显得刚性不足，行业协会的同志将这种表述戏言为“画饼充饥”、吃“空心汤团”；四是也有委员心存隐忧，担心将行业管理的职能赋予一些权威性不够、资质偏差的行业协会，容易导致权力寻租而滋生腐败。对于上述争议点，常委会深思熟虑作出如下价值判断：行业协会既不是企业，也不代表政府，而是在政府与企业之间发挥桥梁纽带作用。企业是行业协会的“衣食父母”，行业协会服务的重点就是企业和消费者。协会的主要功能应该是维护行业整体利益。要想树立权威性，就必须在沟通、协调、自律、服务上实实在在下功夫。基于这样的认识，立法中对职能的表述，概括为先天应有职能和政府授权、委托职能两种情形。在条文安排上将政府促进其行使职能的内容分开，将市政府赋予行业协会的十项职能集中进行表述。此外，“购买服务”成为政府扶持行业协会转型的一种手段，写入条文中。同时，对新组建的行业协会，在初始阶段活动经费确有困难的，可以通过公共资金给予资助，也作了原则性规定。

除了上述四块主要内容外，本次立法还对协会的行为禁止、退出机制、权利救济和惩戒措施等也作了制度性的规定。

《规定》的实施，对促进行业协会的发展，起到了重要作用：一是促进了协会数量的大幅增长；二是提高了企业入会的覆盖面，体现了入会企业所有制结构的多元化；三是推进了协会向新兴产业和优势产业集聚；四是进一步规范了协会的运作行为，加强了协会的自身建设和能力建设，也积累了政府在登记管理方面的经验。

5. 2010年对法规的修改情况。随着政府职能转变的力度加大，行业协会改革发展的步伐加快，以及上海经济社会发展发生的巨大变化，特别是党的十六届三中、六中全会精神以及《国务院办公厅关于加快推进行业协会商会改革和发展的若干意见》，都对进一步促进行业协会的发展，提出了更新更高的要求。2009年市委、市政府据此提出：一是要求进一步加大政会分开的力度，减少行业协会的行政色彩，将政府部门与行业协会彻底脱钩；二是要求探索建立以直接登记制为核心的行业协会监督管理体制，改革行业协会设立前业务主管部门的前置审批；三是要求进一步改革行业协会的管理体制。2002年市政府设立行业协会发展署，管理体制由双重管理体制过渡为“双重管理，三方负责”的格局，2004年，市委、市政府决定在发展署的基础上成立市社会服务局，主要承担为“两新组织”提供综合协调、服务的职能，与社会工作党委合署办公，形成新型的“双重管理、三方负责”的格局，2009年为深化本市行政审批制度改革，市委、市政府决定撤销市社会服务局，将其管理协会业务的职责划归市民政局，具体由市社会团体管理局负责，再次改革了行业协会“双重管理、三方负责”的管理模式所带来的体制缺陷，直至探索建立直接登记制。要将上述要求落到实处，无疑要对2002年的《规定》进行修改。考虑《规定》框架结构总体合理，大部分内容合理有效，在保持《规定》主体内容和框架不变的基础上，就涉及的调整管理职责、改革设立登记制度、促进政会分开以及促进行业协会健康发展等方面进行了局部修正。一是在政府管理职责的调整上，将《规定》中涉及行业协会发展署职责的相关规定删除。二是在登记制度改革上，对设立行业协会实行直接登记，即取消业务主管部门的前置审批（第五条第三款），规定为申请设立行业协会的，应当向社团登记管理部门提出，并提交筹备申请书、章程草案等文件。社团登记管理部门在办理登记手续过程中，应当听取相关方面的意见。三是在促进政会分开方面，将国家机关工作人员不得兼任协会领导职务修改为“不得在协会中担任职务”；细化了社团登记管理部门开展年度检查的规定（警告、限期年检、逾期公告直至撤销登记），加强监督管理；还增加了以企业为会员的商会参照适用本《规定》的内容。四是在促进协会健康发展方面，对协会办事机构专职工作人员的职业化以及社团登记管理部门和政府有关工作部门做好指导、帮助、教育培训、资格评定、社会保障等提出要求；取消了公共资金支持行业协会的规定，完善了政府委托行业协会承担的事项采取购买服务机制，应当通过订立合同的方式。此外，还对政府在信息沟通等方面进行指导服务作了规定。

行业协会的改革和发展，如同我国其他领域的改革一样，受体制、机制、传统、理念以及外部环境等诸多因素的制约，只能徐图推进，上海通过地方立法促进行业协会健康发展，也仅仅是一种尝试和努力，与理想的愿景还有相当差距，一些共性问题制约着行业协会的改革与发展。因此，这部地方性法规明显带有前瞻性、框架性和过渡性的特征。

第三节　上海制定和实施行业协会自律规范的实践①

一、行业协会自律规范的制定

作为市场经济发展的产物，行业协会在服务企业、规范行

① 本文作者：曾永和，上海市社团管理局副局长。

业、发展产业方面具有独特的作用。近年来，上海社会组织快速发展，目前在上海市、区两级民政部门登记的社会组织有15500家，其中：民办非企业单位11040家、社会团体4018家、基金会442家，净资产、年度总收入和总支出都超过400多亿元，从业人员超过34万。2016年上海农业的GDP只有258亿元，也就是说，上海社会组织的年度总支出已经超过了上海农业的GDP，说明社会组织不仅成为上海社会发展的一个重要部分，也成为推动经济发展的一支重要力量。上海市级行业协会有235家，市、区两级共有行业特征的协会800多家。为规范行业协会行为，促进其自律规范发展，上海作了一些探索与实践，笔者概括为三个字，即："分、立、规"。

1. "分"，即持续推进政社分开，促进协会独立自主。自律首先要自立！为促进行业协会成为独立法人主体，上海持续推进行业协会与政府部门的"政社分开"改革。一是推进"机构、人事、财务"的"三分开"。为应对入世挑战，2002年上海首次推进行业协会与政府部门在"机构、人事、财务"三个方面政会分开，132家行业协会实现了"三分开"。二是推进"人员、机构、财务、资产"的"四分开"。因个别协会利用企业年审工作搭车收取会费而引发的领导批示，2009年上海推进了所有以企业为会员的所有协会在"人员、机构、财务、资产"与党政机关实行"四分开"，市、区两级524家企业协会实现政社分开。三是推进"机构、职能、资产财务、人员管理、党建外事"的"五分开"。2015年中共中央办公厅、国务院办公厅下发《行业协会商会与行政机关脱钩总体方案》，按照中央的统一部署，2016年、2017年先后开展了两批脱钩改革，611家行业协会商会在"机构、职能、资产财务、人员管理、党建外事"五个方面与党政机关实行"五分开"，国家行业协会商会与行政机关脱钩联合工作组办公室第23期简报摘编上海脱钩的经验。

我国行业协会与行政机关具有天然的黏合性，上海开展多轮行业协会政社分开改革，目的是切断协会与政府之间的权力依赖与利益输送，防止行业协会利用行政权力或行政资源强制会员入会、强制收取会费、搭车收费等问题，使行业协会由政府部门的协会转变为企业家的协会，实现企业家办会；由围绕“政府转”转向围绕“企业转”，发挥服务企业作用；由以前单一部门的协会成为行业的协会，代表行业的意识增强、规范行业作用日益显现，反映诉求、提供服务、规范行为的作用日益显现。

2. “立”，即加强立法规制，促进协会规范建设。先破后立！为促进行业协会依法自治，上海加大了行业协会地方立法和建章立制的力度。一是加强政策法规创制，提供法制保障。2002 年，上海先后制定了促进行业协会发展的政府规章和地方性法规，明确了行业协会的职能定位，为上海行业协会依法自治打下了坚实的基础。2010 年，对《上海市促进行业协会发展规定》进行了修改完善，为行业协会改革发展提供了法治保障。二是及时修订章程示范文本，完善内部治理结构。除了成文法以外，章程是行业协会自治的“根本大法”。为适应行业协会改革发展的要求，上海多次修改完善行业协会的章程示范文本，先后颁布 2008 年版、2012 年版、2014 年版、2016 年版四个章程示范文本，引导行业协会建立和完善以章程为核心的内部治理机制，促进行业协会民主办会、依法自治。三是加强换届指引，强化依法办会。随着行业协会商会地位和作用的显现，近年来负责人的竞争比较激烈，换届中的矛盾和问题也比较突出，集中体现在三个方面：一是提名不规范。有一家企业投诉说，换届时我们就被排除在协会负责人的候选范围之外，选举不公平。二是程序不规范。有家行业协会的副会长与会长有了矛盾以后来举报，虽然章程规定选举理事长必须无记名投票，但是本会当时召开第一届理事会时，理事长说为了节省时间选举鼓掌通过，选举应当无效。三是下台不谢幕。有家行业协会换届以后，原来的会长落选了，其以各种原因不交印章。为此，2017 年我们制定了《上海市社会团体换届选举工作指引》，明确候选人怎么产生（谁提名、怎么提名）、换届选举大会怎么开（什么情况下举手、什么情况下无记名投票）、换届后后续工作怎么做（手续怎么办理、有了纠纷如何处理），进一步规范换届选举工作。

3. “规”，即提供行为规范，引导协会自律发展。2016 年中办 46 号文件明确要求：探索建立社会组织行业自律联盟，通过制定活动规则等形式，引领和示范业内组织行为。行业协会自律规范发展，需要发挥自身的引领示范带动作用。近年来上海积极探索和实践，发挥典型示范和带动作用。一是以大带小，发挥枢纽作用。上海目前比较大的行业联盟主要有三个：第一个是上海市工业经济联合会，拥有 170 多家协会；第二个是上海现代服务业联合会，拥有 120 多家协会；第三个是上海市商业联合会，拥有 70 多家协会。这些联合会通过每年举办培训、组织联合行动、发布行为导则等形式，在行业协会自律规范发展方面发挥了积极作用。比如上海市工业经济联合会每年组织企业社会责任报告发布会，发动行业协会及其会员企业积极履行社会责任。二是注重典型示范，发挥引领作用。上海人才服务行业协会是上海率先实行市场化运作、国际化发展的行业协会，2017 年年底国家发改委、民政部等出台规范行业协会收费行为的文件以后，人才协会马上落实，不仅对会费收取进行规范，而且按要求列出了 9 大项 32 小项的基本服务事项。我们在转发中央的文件对收费行业规范的同时，附上人才协会的服务清单供各协会参考。再比如，上海市自行车行业协会针对共享单车迅猛发展给城市治理带来的新课题，联合天津市自行车电动车行业协会发起制定了共享单车三项团体标准，我们及时宣传。三是加大执法监察，发挥警示作用。近两年，我们出台社会组织信息公开指引，加大信息公开力度，建立了四等十级的社会组织信用体系，探索建立社会监督的长效机制。与此同时，加大处罚力度，2016 年上海市委巡视延伸审计中，发现个别行业协会存在财政资金使用不规范、滥发购物卡等问题，按照市领导的指示，我们牵头进行了严肃查处，并联合市监察局等部门下发《关于开展社会组织内部治理自查自纠的通知》。2017 年我们又严肃查处了在评比表彰中违规收费的两家行业协会，起到了警示规范作用。

二、加强自律规范建设的建议

对于行业协会的自律发展，有三句话非常重要。第一句是：党的十八大提出要加快构建“政社分开、权责明确、依法自治”的现代社会组织体制；第二句是：行业协会承担着“服务企业、规范行业、发展产业”的功能；第三句是：协会自治应当做到“制定规则、执行规则、服从规则”。从实际运作状况来看，“政社分开”已经开展多年，但是由于政、社之间权责难以明确，一方面“依法自治”难以做到，另一方面“政社分开”还不断回潮；“服务企业”各个协会都在做，因为收了会费都会不同程度地提供一些服务，但是如何发挥章程自律和行业规范作用，在“规范行业”方面发挥的作用还不够，企业诚信经营、规范服务方面有差距，由于行业不规范也影响到了产业的健康发展；行业协会在制定规则方面虽然都有章程，但是章程很多是从登记管理机关的网站上直接抄下来的，事前没有进行充分研究讨论和利益博弈，协会在日常的运作过程中，有的也没有很好坚持，产生矛盾以后也不服从规则，只好来找政府部门当“老娘舅”。所以，建议行业协会立法应当着力在明确政、社之间的权责关系上下功夫，在支持和促进行业协会在规范行业上下功夫，在强化行业协会执行章程等内部规则上下功夫。

上海市社团局将按照中央的统一部署，积极学习兄弟省市经验，在促进行业协会自律规范发展方面加大探索实践力度，着力从以下几个方面入手：一是继续推进政社分开工作，特别是要在“权责明确”上下功夫；二是建立以行业协会章程为核心的内部治理法人结构，特别是在“民主办会”上下功夫；三是加强制度设计和建设指引，指导协会制定规则、执行规则、服从规则，特别是在“执行规则”上下功夫，规范协会行为；四是支持和引导行业协会在服务企业、规范行业、发展产业方面发挥作用，特别是在“规范行业”上下功夫；五是加强行业协会信息公开和信用建设的力度，加强社会监督，特别在强化主要负责人的信用意识和失信成本上下功夫；六是利用上海大数据，加强部门联动，在智慧监管上下功夫。

第三章　行业协会商会自律规范实施问题研究

第一节　中国互联网行业协会自律建设的做法①

中国互联网金融协会成立于2016年3月，在黄浦区注册，目前在北京办公。本文分为两个部分。第一部分是介绍中国互联网金融协会的定位和特点；第二部分是结合中国互联网金融协会目前的实践工作和研讨会的主题，对行业自律方面的法治建设提几点思考和建议。

一、中国互联网金融协会的定位和特点

1. 协会成立。中国互联网金融协会（以下简称本协会）是在国务院发布的221号文中明确提出要成立的协会，也是经过民政部特批成立的，属于承担特殊职能的协会。

2. 协会特点。本协会面向的是互联网金融。会员单位包括传统金融机构、新兴互联网金融机构、综合技术类机构和相关服务类机构，目前总共有489家会员。机构会员虽较少，但其业务量占到全行业的80%以上。同时由于协会会员类型非常丰富且有代

① 本文作者：庞金锋，中国互联网金融协会会员部副主任。

表性，所以在李克强总理的见证下，中国互联网金融协会会长和卢森堡的金融推广署签订了中卢金融合作协议。

3. 协会框架。目前协会有 10 个职能部门。专业性强是其特点。本协会成立了各相关专业领域的专业委员会，有信用建设、移动金融以及互联网股权融资专委会等，这些都是比较专业化的委员会。因为互联网金融具有传统金融和互联网相结合的特点。其中最大的特点是很多的互联网金融还不是持牌机构，创新性特别强。比如，关于网络借贷的息费问题，等额本息和一次性还本付息，差别就很大。同时，还有搭售虚拟产品、会员资格等变相收取费用的情况。目前，协会正式人员有 70 多名，平均年纪是 30 岁出头。所以协会人员的一个突出特征就是专业性和年轻化。

4. 协会定位。协会成立以来，协会的主要任务包括信息披露标准，信贷合同要素标准，资金存管标准等。因为互联网金融行业是一个新兴行业，是在互联网金融没有预先制定门槛和规则之下就蓬勃发展起来的。同时，相应的风险也时有暴露。协会是临危受命，旨在促进行业标准、规范和健康的发展。所以说协会的定位是“服务监管、服务行业、服务社会”。贯彻落实中央大力倡导团体标准的精神，协会制定的标准是团体标准，然后再往上上升为行业标准，经完善后就上升成为国家标准。当然，团体标准更能及时响应行业的需求，而且调整起来比较快捷。如果行业自律的团体性标准的作用发挥得好，就有助于国家对协会的监管。

目前，协会做的两件事一个是研发标准，一个是建设行业基础设施，其中有牵头成立百行征信有限公司，建设登记披露平台、信用信息共享系统等。

二、行业协会自律建设的建议

结合本协会成立两年以来的工作以及互联网金融行业的实践情况紧扣法治建设主题，提出以下几点建议。

1. 要明确基本概念和规范体系。根据各地方出台的协会管理规章或者条例，对什么是协会的定义各不一样。比如说是否包括个人也是不一样的，就像作统一检测系统一样，首先要把握好统一指标的定义，避免整个行业在讨论时各说各的话。这样，既可以提高严肃性和一致性，也可以避免“山寨组织”浑水摸鱼。例如，中关村附近的一幢大厦，在大厅堂而皇之地挂了一个“中国众筹行业协会”的牌，上网查也没有查到相关资料，相关部门也不知道。所以，应该加强对不合规组织的打击力度，提高其违规成本。

2. 要明确协会的层级体系。目前在协会的层级上有一个乱象。以互联网金融领域为例，中国互联网金融协会是国家级的，现在也有部分省级协会、市级协会，甚至区级协会，而且主管单位各异，组织架构各异，称呼各异，还存在个别协会直接由某一家会员负责运营的情况，协会的宣传报道天天都是这家会员的新闻，根本没有体现协会独立第三方的属性和自律管理的职责，影响不好，也不严肃。不同层次之间的协会没有隶属关系，是否部分行业的协会应该有业务指导关系，也值得关注。

3. 要提高协会的专业性认定的司法认可度。例如，互联网金融行业聚集了一批高智商、创新性很强的人，他们的一些不正当竞争行为都非常的隐蔽和复杂，加大了司法裁决的难度。作为行业协会，可以成立专家委员会，让从业机构、研究机构、监管机构的专家学者共同作为委员，作出专业性的认定。当然，这种认定的司法认可度有待提高，将来跟司法部门，包括纠纷调解部门怎么样有效衔接的问题，也值得思考和完善。

第二节 加强行业协会自律的实践与体会①

行业协会自律，有广义和狭义之分。广义说是指行业协会的自我管理，是行业协会实行行业自治的本质要求，它贯穿于行业协会存在和发展的全过程。研究行业协会自律管理的规律，对于促进行业协会更好地发挥作用，意义重大。

一、行业协会自律管理的主要工作

行业协会要搞好自律管理，主要应抓好以下六个方面工作。

（一）制定行业标准，推进行业健康发展

行业标准，来自行业，来自行业中企业的生产和服务实践。就一般而言，总是先有个别企业标准，进而有行业标准。行业标准的制定，不论是产品标准，还是服务标准，都是一个行业迈向成熟的标志。在这个意义上说，行业标准的地位就相当于行业的技术法律，在行业中具有专业性和权威性。制定行业标准，是行业协会的重要工作。行业标准制定的质量和水平，反映的就是行业协会的专业水准和行业权威。世界各国的行业协会都把制定行业标准作为头等大事。我国在计划经济时代，行业协会是由政府部门包揽的，是质量技术监督部门的职责。现在情况不同了，行业协会参与制定且主导制定发布的行业标准越来越多了，行业协会在制定行业标准中的作用越来越重要，这适应了市场经济发展

① 本文作者：赵海，上海开发区协会副会长。

对行业发展的需求。

（二）引导行业价格行为，促进公平竞争

行业协会对行业内企业价格行为的引导，是行业协会的主要职责。它不仅调节企业之间的竞争关系，也调节企业和消费者之间的服务关系。恰当的价格引导行为，可以避免本行业企业之间的恶性竞争，又能为消费者提供性价比最好的产品和服务，甚至可以催生和发展出新的行业。

而不适当的价格行为，如约定的集体抬价行为，则为造成行业垄断，阻碍行业进步，或者竞相杀价，以低于成本的价格恶性竞争，最终会“杀死”企业与行业。这些企业的价格行为看上去是企业的自主行为，但如果缺乏适当的行业引导，就会造成较大的资源浪费。21 世纪初，上海的室内设计行业，既无行业标准，又无收费定价标准，行业起步十分艰难。鉴于此，上海装饰装修行业协会制定室内设计行业标准，培训认定了室内设计从业人员资格，并发布了室内设计行业的收费标准，公布了收费项目的行情价，这些举措有效地促进了室内设计行业的发展。

（三）开展行业调查统计，制定行业发展规划

行业协会要有行业话语权，首要的工作就要开展行业的调查研究，没有调查就没有发言权。而这调查研究不仅是定性研究，它的基础研究还要有定量研究，行业协会要做到心中有“数”，要能报数。有了行业调查、统计，才有行业的全貌，对行业发展的目标、措施、方向、问题等就有了分析和研究的基础，在这个基础上且只有在这个基础上才能制定符合实际的行业发展规划，对行业内的企业发展起到引导作用。而行业协会发布行业信息，为企业提供行业和市场咨询服务的功能，其基础也只能来自于行业协会的调查统计。2002 年，上海开发区协会成立以后，首先就在相关部门的支持下，落实对上海全市开发区的统计工作，建立了全市开发区统计队伍，定期出版《上海开发区统计年报》，并

在此基础上刊出《上海产业园区月度经济运行分析》，在此基础上制定上海市产业园区“十二五”和“十三五”发展规划，同时为园区各方面工作提供咨询决策，完成大小咨询项目共500多项，较好地履行了协会职能。

（四）加强行业培训，提升从业队伍素质

行业培训，是学历教育之外，各行业从业队伍继续教育的应有之义，行业协会从行业需求出发，开展行业教育、实操培训，其目标不仅使从业队伍具有较好的职业道德素质，还要具有良好的职业技能素质，不仅具有行业从业的基础知识，还应掌握解决问题的实际能力。行业协会在开展行业培训的基础上，对从业人员进行技能资质考核，并由行业协会发放职业技能认定相关的证明证书，是提升从业队伍水平的重要措施，是行业协会的重要基础工作。上海市装饰装修行业协会在行业培训上做了大量工作，对全市从业装修工，进行分工种、分级别培训，并发放认定证书，使“马路游击队”持证上岗，极大地规范了行业，同时发布不同工种、不同级别人员的人工费行情价，调动了装修工人继续培训的学习热情，更直接提高了工程建设的质量和水平。

（五）协调行业各方利益，建立内部惩戒机制

行业协会一经成立就成为一定范围内承担公共管理职能的公共组织，成为履行行业内部管理职责的法人主体。国有法，行有规，协会的章程就是行业协会的根本，在此基础之上，行业协会按照章程规定的议事规划，要制定一整套的规章制度，以协调行业相关各方利益。行规的制定，第一条不能违背国家的宪法和法律，第二条行规一经合规程序制定通过，在本行业中就具有一定的约束力，这种约束力不以国家强制力为后盾，它主要依靠行业舆论（如内部通报批评）、企业职业道德规范，以及从业者内心的自觉来维护和约束，也会使行业内的犯规者“老鼠过街，人人喊打”，从而提升其违规成本，客观上起到维护行业内部秩序的

作用。上海装饰装修行业协会就曾经依据行业自律规定对违规室内设计从业人员作出过“行业协会会员单位两年内不予录用”的处罚，弘扬了行业正气。

（六）保护行业正当利益，维护国际贸易公平

在世界经济一体化、经济全球化背景下，国际国内市场密切联系、紧密互动。行业协会作为行业组织，应密切注意国际国内市场的变化，除了及时发布行业商情商机信息之外，还要积极应对越来越频繁的国际贸易摩擦和争端。行业协会在行业内“如鱼饮水，冷暖自知”。要维护好行业的切身利益，就应该主动向政府提出政策建议，责无旁贷地参与甚至承担起国际贸易当中的反倾销调查，反补贴调查或者提出采取保障措施的申请，这是走向全球化经济对中国本土行业协会提出的迫切要求，这既是国际通行的惯例，也是行业协会提升和发展自己的机遇。

二、行业协会自我管理工作的主要体会

要搞好行业协会自律工作，主要应把握好下列两点。

（一）行业协会自律管理的职能要自主落实

市场经济的发展和政府职能转变，客观上为行业协会留下很多的工作空间，行业协会应有所作为，把政府退出后工作职能要承担起来。过去行业协会因为都有一个政府主管单位，往往成为政府部门的附属物，往往形成“二政府”的形象。而现在在行业协会与政府机关脱钩的大背景下，行业协会的各项工作职能，已经开始有法可依。如上海、广东等省市都出台了相关的行业协会管理规定。而这些调整行业协会法规中已明确了行业协会的地位和职能，所以现在的问题不是允许不允许行业协会做，而是行业协会自身的工作认识和能力够不够的问题，而从若干发挥作用较

好的行业协会来看，做好协会工作，不能“等、靠、要”，行业协会职能既已有法规明确规定，就必须要放开手脚、主动作为、自主落实。

（二）行业协会自律管理职能的法律地位需进一步明确

目前，中国行业协会纳入社会团体大类，上位法主要是1998年实施的《社会团体登记管理条例》。笔者认为，我国制定行业协会商会法的时机已经相对成熟。主要理由如下：第一，市场经济改革的全面深化，使行业协会商会实践的本质和运行规律得到充分地显现；第二，改革要求加快政府职能转变，这当中除了要根据行业许可法等法律更进一步明确政府在经济管理中的职责外，也需要进一步明确行业协会商会在经济活动中的职能，否则政府职能的转变和行业协会职能的发挥就会成为一句空话，这也是造成历次政府改革不彻底的重要原因；第三，地方立法的实践，已为行业协会商会法立法进行了积极有效的探索，如上海、广东等地率先进行行业协会立法，其他各地也积极开展相关立法，为国家制定行业协会商会法准备了重要条件；第四，中国经济走向全球化，迫切需要国家立法为中国的行业协会商会“强身健骨”创造法治环境，这是中国经济社会进一步改革开放的迫切需求；第五，行业协会商会法的制定，不仅为我国全面改革开放提供了法律支撑，而且也为吸引各行各业的精英人才加入行业协会提供了法律保障，这就必将提升行业协会队伍建设，为我国的经济建设注入人才活力。

第三节 私募基金自律管理的逻辑[①]

《中华人民共和国证券投资基金法》正式实施以来，特别是

① 本文作者：洪磊，中国证券投资基金业协会党委书记、会长。

党的十九大以来，以母基金为代表的私募基金获得空前发展，行业结构不断优化，行业功能不断健全，已经成为现代金融体系中直接融资的重要力量，有力推动了实体经济转型和创新发展。对于多层次资本市场而言，私募基金也日益成为资本市场的重要组成部分，弥补了长期资本形成的空白。

自 2014 年私募基金实施登记备案以来，私募基金机构登记和产品备案数量持续快速增长。截至 2017 年年底，私募基金管理人达到 22446 家，实缴规模达到 11.10 万亿元，过去 3 年年化增长率分别为 64.4% 和 95.3%。其中，私募证券投资基金管理人 8467 家，实缴规模为 2.60 万亿元，占比分别为 37.7% 和 23.4%，过去 3 年年化增长率分别为 79.2% 和 78.1%；私募股权与创业投资基金管理人 13200 家，实缴规模为 6.52 万亿元，占比分别为 58.8% 和 58.7%，过去 3 年年化增长率分别为 56.8% 和 92.8%。各类私募基金持有 A 股市值达到 9735.16 亿元，占 A 股总市值的 1.72%，已经成为公募基金、保险资金之后的第三大机构投资者。私募基金已经为实体经济形成 4.11 万亿元资本金，其中，累计投资于未上市未挂牌企业股权的项目数量达到 5.65 万个，形成资本金 3.39 万亿元；累计投资于新三板企业股权的项目达到 1.72 万个，形成资本金 2183 亿元；累计投资于定向增发项目数量 3482 个，形成资本金 4995 亿元。在 IPO 和新三板挂牌企业中，获得私募股权或创投基金投资的企业数量占比超过 60%。私募基金已经成为推动创新型企业持续成长的关键性力量。

从私募基金投资于境内未上市未挂牌企业股权方面看，在投项目数量排名前三位的行业分别是计算机运用、资本品和医疗器械与服务，占比分别为 31.9%、9.9% 和 6.2%；在投账面价值排名前三位的行业分别是资本品、计算机运用和房地产，占比分别为 14.3%、11.7% 和 11.1%；投资阶段主要集中在起步期和扩张期，在投项目数量占比分别为41.7%和52.9%，在投账面价值占比分别为31.4%和52.9%；在被投企业中，中小企业占比达72.2%，高新技术企业占比达27.9%。从私募基金投资于新三板挂牌企业股权方面看，在投项目数量和在投账面价值排名前三位的行业分别是计算机运用、资本品和原材料，项目数量占比分别为28.1%、17.2%和9.6%，在投账面价值占比分别为21.9%、15.2%和10.6%；投资阶段同样集中在起步期和扩张期，投资项目数量占比分别为13.5%和73.2%，在投账面价值占比分别为12.5%和76.1%；在被投企业中，中小企业占比达61.0%，高新技术企业占比达59.5%。

上述数据表明，私募基金已经成为推动金融体系从间接融资向直接融资转型的新生力量，是创新资本形成的重要载体。

一、私募基金监管逻辑初步形成

（一）按业务本质和运作特征服务功能监管

从业务本质和运作特征出发，在行业自律层面落实功能监管要求，守住行业本质，维护市场竞争，推动制度优化，营造良好生态是协会努力的方向。

私募基金的本质是向合格投资人提供的受托理财服务，必须遵循非公开募集原则，向合适的人推荐合适的产品；坚持“投资者利益优先”原则，防范利益冲突；坚持组合投资原则，避免投资标的单一带来的非系统性风险；坚持投资人“收益自享、风险自担”原则，杜绝一切形式的“保底保收益”。私募基金与公募基金最大的不同是募集方式的不同，在受托人义务方面是完全一致的，只是因其非公开性、投资者风险识别与风险承受能力更高以及投资者的谈判能力更强，才在监管与自律层面有了相对弱化的要求。尽管如此，将受托义务上升为法律，将受托责任转化为行为规范，防止私募基金各项活动背离本质，仍是自律管理的基础和重心。

为此，协会相继规范了私募基金登记备案、基金募集、基金合同、机构内控、信息披露、服务业务等各项活动，初步构建了完整的私募基金行为规范，配合事中检查和事后处分，基本扭转了“一放就乱”“一管就死”的传统行政管理“怪圈”，4 年来没有发生系统性、区域性风险事件。2016 年 2 月 5 日，协会发布《二·五公告》，着力解决私募基金管理人非理性登记、非法增信、“倒壳”投机等突出问题，截至 2018 年 6 月，已注销近 14000 家长期无展业意愿的私募机构。2017 年 11 月和 2018 年 1 月，协会分别发布《私募基金管理人登记须知》和《私募投资基金备案须知》，进一步明确私募基金管理人和私募基金产品的本质属性和底线要求，提高登记备案工作透明度，从源头抓起，将私募基金持续自律管理落到实处。2017 年，在国际货币基金组织发布的金融部门评估报告中，私募基金行业监管与自律获得“完全实施”的最高等级评分。

（二）以信用管理为核心推进市场化博弈

信用是一切金融活动的基石，更是资本市场监管的核心。基于受托人义务的信用约束是整个基金行业健康发展的基础，私募基金自律管理的最终目的，就是实现市场化信用制衡机制，让市场主体的自我信用在市场竞争中发挥决定性作用。四年来，协会始终聚焦于行业信用体系和信用文化建设，通过推动市场化信用博弈、信用记录与公示、信用约束与惩罚机制，初步扭转了依赖国家信用、忽视市场信用、在与监管机构博弈中寻求监管套利的行为惯性，私募基金行业逐步形成现代行业治理新局面。

首先，推动行业建立“三重博弈”机制。在机构登记和重大事项变更环节，引入法律意见书制度，在产品备案环节，强化托管机构职责，发挥中介机构独立性和专业价值，在私募基金管理人与中介服务机构之间形成信用博弈；在私募基金募集阶段，强化投资者适当性和风险揭示书要求，在私募基金管理人与投资者之间形成信用博弈；在私募基金投资阶段，强化合同规范和"收益自享、风险自担"要求，推动私募基金管理人更加关注基础资产的质量与风险，与被投企业或项目之间形成信用博弈。2016年以来，2600余家律师事务所为私募基金管理人出具了1.7万余份法律意见书，信用博弈和信用约束效果明显。2018年3月，协会发布《中国证券投资基金业协会关于进一步加强私募基金行业自律管理的决定》，将行政监管、自律管理和市场中介机构（律师）的信用约束有机衔接，推动会员机构、非会员登记机构以及中介服务机构更加重视自身信用，共同维护好行业信用制衡机制。未来，协会将进一步激活私募机构自律的动力，在登记备案、会员管理中充分体现会员自身信用的价值，推动公司标准高于他律标准，推动自律先于他律发挥作用。

其次，建立健全私募基金管理人、服务机构、托管机构等会员信用档案和信用报告制度，构建全行业信用积累的基础体系。目前，面向私募证券类会员机构的信用信息报告制度已经正式实施，从合规性、稳定度、专业度和透明度四个维度全面记录和评价会员信用水平，推动会员机构凭自身商业信用决定自我发展，实现行业优胜劣汰，激发行业发展活力。针对服务机构，拟按照资源投入、合规风控、科技建设、生态培育四大维度，建立服务机构全生命周期评估体系，引导服务机构、托管机构全面参与私募基金行业生态建设，培养私募管理人专业化经营，促进私募基金行业稳定健康发展。

最后，积极推动"私募基金管理人分类公示指引"出台。完善私募会员和非会员登记机构"诚信信息"公示内容，将信用公示与自律检查、投诉调解、自律处分联动，推动信用管理成为行业自律管理的核心机制。据不完全统计，北京、上海、深圳三地工商注册的名称中带有“投资管理”和“资产管理”字样的投资类企业超过12万家，其中仅有20898家在协会登记备案（包括13495家管理人和7403只基金产品）。换句话说，京沪深三地尚有超过10万家投资公司或基金产品，从未在协会履行私募基金登记或备案手续，却以各种名目展业或者向社会公众募资，积聚了非法集资的巨大隐患。因此，希望协会能够与工商部门之间建立工商注册与登记备案协调机制，推进信息共享与信用核查，从源头防范私募基金沦为非法集资的工具；同时，督促已完成工商注册但未完成协会登记备案的私募基金尽快履行登记备案手续，对长期未登记备案的私募基金予以清理；在工商注册与协会登记备案衔接机制通畅后，适时放开新机构工商注册限制，保护合格主体正常营业的权利。

二、私募基金自律管理的方向

如何防范金融风险、促进高质量经济增长是私募基金未来发展面临的核心问题。正确理解私募本质，全面推进功能监管，全面优化资本市场税制是解决这一问题的必然选择。

首先，要从私募本质出发，正确认识私募基金在资金来源与使用上的客观规律。私募基金应当从合格投资者那里规范募集资金，坚持组合投资原则，忠实履行谨慎勤勉义务，切实防范利益冲突，投资人按基金份额“收益自享、风险自担”。在投资标的层面，要保证基础资产真实有效、合理估值，并向投资者做好风险揭示和风险匹配。只有做到“卖者尽责”和“买者自负”，私募基金才能行稳致远。从发展直接融资、促进高质量经济增长角度看，私募股权投资基金应当大力发展直接面向实体企业的投资活动，杜绝直接融资间接化、中介化活动，避免产品多层嵌套、资金混同、多次证券化等加剧风险传染和融资成本的投机套利行为。在直接面向实体企业的投资活动中，应当准确把握实体企业股权、债权、收益权的本质与风险，做好产品结构设计与风险管理。实体企业可发起三类融资活动，分别是股权融资、债务融资和收益权融资，对应到投资机构，就产生股、债、收益权三种可投资标的。股权投资的目的是获取“剩余索取权”，要做好股权转移登记，发挥股权治理功能，提升企业内在价值；债权投资的目的是获取固定风险回报，要做好债权登记，条件发生时要能有效行使优先清偿权；收益权持有的目的是获取稳定现金流，需要设立 SPV 实现风险隔离。收益权应当是实体企业当前资产产生的未来现金流，或者是实体企业持有的股权、债权所衍生的未来现金流。基础资产只能证券化一次，不能再证券化，否则将脱离直接融资的本意，并形成系统性金融风险隐患。

其次，在自律层面推进功能监管。私募股权投资基金自律的关键是规范和完善登记备案标准，让各类资产的风险和收益得到有效管理，避免风险外溢。一是探索与权益登记机构联网合作，在底层资产层面实现穿透核查，保证底层资产真实有效，权属清晰透明，为行业合理展业保驾护航。二是按照股、债、收益权的不同属性，完善私募基金备案标准和风险监测指标。需要指出的是，基于股权、债权、收益权产生的融资关系是相互联系、相互影响的，不能割裂。对于实体企业来说，债务融资可以增加股权的杠杆收益，同时也承担了财务杠杆风险；收益权融资将质量相对好的资产隔离打包，相当于原有股权所有人对优质资产收益的让渡和原有债权人对债务安全边界的收缩。因此，债务融资和收益权融资均有可能对实体企业的财务稳健性产生实质性影响，尤其是收益权融资必须有度，不能损害企业的财务结构。私募基金投资于企业股权、债权和收益权，应当充分识别所投股权、债权和收益权背后的风险结构，作出与投资人利益和企业利益一致的投资决策。在协会最新的登记备案须知中，对其他类私募机构登记提出了限制性条件，同时对债权类、收益权类私募产品备案提高了审核要求，其目的就是防范背离基金本质的借贷活动，避免投资工具被滥用。

最后，做好投资者教育，培育更多合格投资者。直接融资与间接融资的根本区别是谁来承担投资风险，间接融资的投资风险由金融中介承担，而直接融资的投资风险由投资者承担。因此，发展直接融资必须全方位做好投资者教育与保护工作，帮助投资者充分识别风险、合理承担风险。协会将针对股权、债权、收益权三类投资，推出更有针对性的登记备案须知，同时细化投资者风险揭示书 13 项签字内容的风险提示要求，帮助投资者更好地甄别风险。协会将进一步完善私募基金信息公示、查询和投诉体系建设，与人民网合作，推出私募基金信息公示平台，形成协会官网、私募地图、人民网协同立体化公示、查询、投诉体系。

证券投资基金法是包括私募基金在内的资产管理行业大法，各类公、私募基金应当一体遵守行业基本法。资本形成能力是大国金融竞争的核心能力，提高资本形成能力必须大力发展直接融资，而私募基金是壮大直接融资、提高资本形成能力的重要载体。

第四节　我国私募投资基金的行业自律规则①

行业自律这一主题兼具时代性、实践性和趣味性，同时，行业自律和政府监管的协同也是一个具有较深理论性的问题。随着

① 本文作者：张艳，上海社会科学院法学研究所助理研究员。

金融市场的蓬勃发展，近年来，大量金融行业自律组织越来越多地出现在大家的视线中，原因是它在2016年非常有效地使我国私募基金行业告别野蛮生长，进入行业规范的新时代。

一、基金业协会自律管理的正当性基础

具体来说，这里的正当性，回应的是其他自律组织（比如创投委）对协会无权对私募股权基金进行管理的质疑。目前，协会实际上是管理所有投向的私募基金，包括私募证券、私募股权和创投基金。基金业协会会长在演讲时也一直通过一个授权链条强调自已有管理权：那就是证券投资基金法和中央编制办公室印发的《关于私募股权基金管理职责分工的通知》（以下简称《通知》）分别授予证监会对私募证券和私募股权基金的监管权，然后证监会通过《私募投资基金监督管理暂行办法》（以下简称《暂行办法》）授予基金业协会自律管理权。可见，协会自律管理权来自基金法和《暂行办法》双重授权。前者为最高依据，后者为直接依据。但是质疑者提出《通知》不是法律，它不能弥补基金法未授予证监会私募股权基金管理权的瑕疵。有一种回应是，其实基金法用心良苦在第94条第2款后半句，证监会有“其他证券”的认定权。那证监会其实是在暂行办法第2条第2款中对“其他证券”进行了扩张性认定，把股权也一并囊括了进来。这种说法是非常牵强的。从文义解释、体系解释、历史解释、目的解释和常识解释这几种常用解释方法可知，由于上位法缺位，《暂行办法》无权直接授予协会针对股权基金的管理权。证券基金和股权基金由同一主体管理有其合理性和必然性，且实践中二者已由协会管理，为弥补授权合法性瑕疵，建议尽快修改基金法，将股权基金纳入调整范围，将该法扩容为真正的基金法。

二、自律规则到底是什么

笔者将自律规则分为事前、事中、事后自律三个部分。

事前自律的核心是注册制，即基金管理人登记和基金备案。它们并非行政许可，而是行政确认行为。监管者意识到，过去围追堵截式的事前审批造成基金管理人与监管部门的对立。注册制溯本清源地将博弈从市场主体与监管部门之间转为市场主体之间。透明登记备案标准的制定、非实质性审查方式的确定和法律意见书制度的引入使基金管理人的关注焦点回到自身信用声誉、客户利益和实体经济。

具体而言，律师在法律意见书中要对十几个事项进行审查，比如经营范围、股权结构、关联方、场所人员财务状况等。在协会关于法律意见书的《关于进一步规范私募基金管理人登记若干事项的公告 》（以下简称《公告》）规定，只备案但是还没发产品的结构要在 6 个月之内交法律意见书并且发产品。公告发布后，是否“保壳”是已登记未备案产品的管理人面临的难题。这实际是成本和收益的博弈，保壳的短期成本是聘请律师出具法律意见书，对新规自我梳理以符合协会要求以及备案基金产品。然而随着越来越多自律性规范的发布，基金管理人意识到，包括募集成本、运营成本，尤其是合规成本在内的保壳长期成本成了不能承受之重。痛定思痛，为保壳而保壳的玩票型管理人放弃保壳，于是 2016 年 8 月 1 日成为私募基金史上的里程碑式日期，近 7600 家空壳私募被注销，加上 5 月 1 日被注销的 2000 余家机构，《公告》直接导致逾万家私募机构被注销登记。

协会正在构建一个全面完整的事中管理体系，其贯穿基金募集、运营阶段，管理对象包括管理人、托管人、投资顾问和外包机构在内的众多参与者，管理手段以信息披露机制为核心、辅之以撤回权制度、合同内容控制和内部风险控制等多项管理手段。与管理人登记的非实质性审查（宽进）形成反差的是，事中管理体系以基金募集运作规范化和投资者保护为出发点，各项自律规则均体现协会对管理人的“严管”思路。然而，严管的对象是管理人，而非投资者，并不意味着对合格投资者提供过度保护，协会在制定各项保护制度时应以投资者受保护需求为前提，在基金运营效率和投资者保护之间寻找黄金分割点。卖者有责是手段，买者自负为目的，切勿颠倒。撤回权制度与撤回权正当性基础、适用范围和投资者自我负责的价值相悖，建议对《私募投资基金募集行为管理办法》进行相应修订，将撤回权制度撤出投资者保护领域。

事后自律的目的是保障事前、事中自律得以实施。与其他行业自律性规则相比，协会设置了高密度、多层次的制裁措施，且将制裁措施直接与执业权限相关联，结合目前基金管理人对合规问题的重视程度和基金运作实践，协会的事后自律是有效、适当且具有威慑力的。

第五节　行业协会的功能和自身建设[①]

一、行业协会和商会依法建设是国际上的常规做法

国际贸易中，行业协会和商会是很重要的一个平台，在近年

① 本文作者：杨国平，上海交通（大众）集团董事长、上海小额贷款公司协会理事长。

的中美贸易纠纷中，美方出面的往往是商会，比如说农业商会、汽车商会、钢铁商会等，都是以商会名义向我国提出诉求。例如美国汽车商会提出：中国出口汽车到美国是2.5%的关税，而美国汽车出口到中国是25%的关税，这不对等……对此，我们的理由是我们属于发展中国家，对汽车产业要有保护期。但我们现在与美国有关商会的沟通主体往往是商务部（也即政府），而对方提出诉求的是商会，政府和商会进行对接会存在很多问题，这也说明我们的商会在国际贸易事务中发挥的作用太弱。应该是商会之间你来我往，双方都可以请律师交涉，所以，从国家层面上给予行业协会、商会更多的自主权，行业协会、商会在国际贸易中才能够发挥更大的作用。过去，行业协会、商会是政府和企业的桥梁，现在，它不仅仅是国内的桥梁，也应该是国际的桥梁，要让行业协会、商会在国际上发声，所以笔者建议全国人大从上位法的角度能够赋予协会和商会更大的权力。

行业协会、商会如果能发挥作用，会很好促进行业的发展。例如上海小额贷款公司协会，这几年来以“服务实体经济和会员单位、促进行业健康发展和创新转型”为主线开展工作。完成了“接入央行征信系统、小贷公司贷款履约险、小贷公司私募债发行、小贷公司挂牌上海股权交易所、建立行业黑名单”等全国小贷行业开创性的创新工作。在全国小贷行业整体不景气、风险频出的大环境下，上海小贷行业总体发展较好，风险可控，这与行业协会发挥作用密不可分。

二、行业协会和商会要在改革开放过程中发挥应有的作用

行业协会和商会要在改革开放过程中发挥应有的作用，特别

是在互联网时代，更要发挥它的作用。比如说网约车，2016 年 7 月交通部制定和发布了网约车管理的相关规定，但是在全国范围内没有得到很好执行。这当中很重要的一个原因就是全国出租汽车暨汽车租赁协会的缺位，没有发挥应有作用。这个协会最初是在建设部领导下成立的，但是在 2008 年出租汽车行业划归交通运输部管理以后，这个协会的职能迟迟没有转到交通运输部，一拖就是十年。结果造成了主管部门与行业协会之间的联系形成了“断桥”，悬在半空中，十年过不去。交通运输部关于出租汽车行业的会议，协会也没有参加。虽然后来交通运输部下的中国道路运输协会成立了一个出租汽车分会，但是参加的单位数量比较少，作用有限。这几年，由于网约车的出现，出租汽车行业发生了很大变化，全国出租汽车协会理应在这个过程中发挥作用。幸而在全国“两会”上，多位人大代表、政协委员发声，呼吁要对网约车乱象进行治理。这些年，金融领域的乱象是 P2P，出租汽车领域的乱象就是非法网约车运营。全国人大代表樊芸在 2017 年“两会”时曾面对面向习主席谈到这个问题，说上海出租车曾经是上海的名片，现在这张名片没有了，是由很多问题造成的，其中最主要的就是非法网约车运营。习主席当即表示这个问题政府的主管部门会管好。去年 4 月份，国家网信办领导带队到上海调研，表示会把问题带回去和交通运输部沟通，可是最终不了了之。2018 年“两会”上，樊芸代表再次联合其他代表，一起提交了对网约车管理进行立法的议案。樊芸代表告诉媒体，“两会”前，某个网约车平台要约她见面，她没有去。议案提交后，立刻得到了政府部门的重视，交通运输部副部长刘小明特地与她进行了当面交流。李小鹏部长、刘小明副部长还邀请樊芸代表参加全国出租汽车行业深化改革工作会议。

网约车现在已经成为一个国际性的问题。欧洲法院（European Court of Justice）2017 年作出终审判决，认定优步为一家“运输领域服务公司”，这将让欧盟各国能够像对待其他所有出租车公司那样监管优步，将其排除在管理欧盟数字经济的更为宽松的规则以外。滴滴在中国香港、中国台湾地区都受到了严格的监管，绝不能用私家车提供客运服务；在日本也不行，日本的法律明令禁止这种做法。我国缺少一个出租车管理的上位法，目前只有《中华人民共和国道路运输条例》，还不是人大通过的法律，主要是针对道路运输方面制定的管理办法，即使把网约车管理条款加进去也不是很顺。所以，希望国家层面能专门对客运进行立法，有了上位法以后，各地才能有法可依，加强对网约车的管理。互联网时代，鼓励创新的同时，法律不能过于滞后。现在南京一万多辆出租车中，有几千辆放在停车场。在上海，滴滴和美团通过高额补贴抢占市场，对出租车从业者也造成了很大影响，主管部门对美团进行了约谈，开出了罚单，要求整改，但是结果还不理想。滴滴第一大股东是美国优步，占了20%股权，第二大股东是日本软银，持有接近20%股权。国外资本长驱直入进入中国交通行业，掌握了我国重要的交通数据，是非常危险的。我国出租汽车行业规模庞大，有300万从业人员，网约车的乱象对出租汽车行业稳定很不利。

所以，在政府部门加快立法进度，严格监管网约车领域乱象的同时，行业协会要起到维护行业稳定、加快行业转型升级、推动政府部门积极作为的作用。

三、行业协会要加强自律建设

行业协会自身建设很重要，行业协会需要依照民政部相关规章运营，包括正常的换届工作。笔者认为行业协会要在行业健康发展中发挥积极作用，绝对不能缺位。正规行业规定不能乱收费，不能拒载，每个季度还要公布服务质量情况，做得不好要道歉和罚款。相比之下，现在网约车“天马行空”，不遵守国家和地方的交通规则。

但是，相信在党中央、国务院依法治国的大政下，行业协会的自身建设一定会得到加强，交通行业的非法网约车乱象也一定会得到治理！

第六节　做好金融行业协会自律应处理好四对关系[①]

笔者长期在政府部门工作，联系外资企业、国有企业、金融企业，也联系民营企业，2012 年到上海爱建集团后，身份开始有了三个转变：一是从政府到企业，二是从宏观到微观，三是从体制内到体制外。笔者二十多年来参与、管理、设立了一些协会，以下是从实践和感受的角度谈的三个方面的思考：一是关于协会的四个特性；二是建设协会自律的六个关键；三是对处理好四对关系的思考。

一、关于协会的四个特性

首先，要强调行业性。行业协会不能搞“拉郎配”，行业性很重要。

其次，要讲究民间性。虽然我们现在碰到很多协会都是政府派生出来的，但行业协会就其本源来讲还是要有民间性。笔者现在参加的几个都比较注重民间性，特别是上海金融文化促进中

---

① 本文作者：范永进，上海爱建集团股份有限公司党委书记、副董事长。

心，虽有一些老同志来参加活动，但大部分还是80后、90后，我们大量的工作是自发地抢救金融方面的史料。民间性很重要，脱离民间性行业协会就容易变成“二政府”，当然，行业协会完全脱离政府指导也不行。原来，官员退休下来到行业协会，这种安排既有利也有不利。

再次，要恪守规范性。这种规范性对政府、对社会、对协会自身都有意义，我们要强调自律，不能成为个别人的“养老所”，或者使个别人得益，又或者是变成了一个俱乐部。有的协会搞了很多会员，但它却没有能力搞大型活动，结果变成一些人、一些单位的自娱自乐，这就脱离了行业协会的初衷。

最后，要突出服务性。行业协会成立了以后，要为会员、为社会、为政府、为大局服务。

二、建设协会自律的六个关键

上海有上万家协会，部分可能是“僵尸”协会，虽然形同虚设，但是要清理掉也不容易，笔者参加的几个还都是比较健康的协会。从实践总结，要建设协会自律有六个关键要把握好。

第一，领导重视。这个领导重视，既有我们协会本身的领导，还有归口管理部门、民政部门或者是行业的管理部门，还有就是大领导，因为中国很多事情没有大领导的重视很难办好。

第二，目标引领。目标就是协会要有一个向上的内容引领发展。前些年，大众总经理杨国平搞的出租汽车行业协会，因为当时朱镕基很重视上海出租车行业代表的城市服务水准，当时行业内作出了招手即停等措施。目标引领，就是要有社会责任，不然有很多工作很难做好，很多协会初衷是好的，但是最后走样了，能够坚持的也有但是不多，因为有时候你搞得好就是一花独放。企业也好、协会也好，实际上中国的企业家也不容易。现在讲信息化、市场化，信息化就很难管理，因为都绕过你；市场化很多都是阻力。所以要把协会搞好，目标要正能量，不然也会走样。

第三，会员参与。就是指协会和会员要有互动，现在往往是这样，协会成立了，理事会选出来了，就没有会员什么事了。还有，现在很多选出来的理事会以后就变成了一个“贵族”。所以，还是要考虑怎么样为会员服务的问题。要互动，而且要是开放式的。现在有的协会事情也不管，就是收钱，收了钱也没有什么活动，甚至大家也习以为常，开会都是鼓掌通过，也没有举手表决。

第四，方式方法。现在协会工作如果还是要按照老套的行政方式来操作，有些还可以，有一些情况已经变化了。所以面临的新问题是老的方法怎么解决？怎么样巧干？怎么样有一套新的思路？这也是对大家的考验。因为现在大家的节奏很快，也很忙，开会的时候，人往往也到不齐，所以有一些协会连会都开不起来，就是因为本身没有很好地组织和联系，平时就是搞一些形式。

第五，工作成果。协会也要有成果，没有成果内容行吗？能够留下什么东西？对社会有什么交代？如果只是有了这么一个平台，却没有很好地运作，那就很遗憾了。

第六，财力支撑。搞活动、出成果，就要有一定的费用。但是经费也不能用得太多，多了就容易出问题，有一些会员费是应该的，有一些也可以自筹或者是通过对外面的服务来取得。

三、对处理好四对关系的思考

第一，总结与借鉴的关系。协会商会不是现在才出现的，满清的时候就有了，包括商会、同乡会等。现在处于一放就乱的状态，因为品种也很多，有协会、基金会、商会，还有民非组织，现在又有了“两新”组织，有的是体制内，有的是民非背景，还有的是国资背景，各类都要有一个梳理，有哪些共性的问题。上海也做了一些探索的工作，但总是星星点点。

第二，立法与执法的关系。做一件大事立法还是重要的，证券市场立法是最多的，因为涉及方方面面很多权力、利益，搞得不好就容易出大问题。协会商会也要立法，有比没有好，粗一点没有关系，但是一直不立法也不行。立法很重要，不能没有一个权威的和引领的东西，这个立法，如果还不成熟的话，也可以找个别的地方先行先试，先行先试了以后可以在上海、广东这些有需求的地方推出。所以立法先行，不然就不知道你在干什么。执法也要有所监督，一个是管理部门要行使责任，另一个是作为协会商会也要守法。社会发展到这一步实际上有这个需求，我们党要管，政府要管，要发挥社会组织的作用。

第三，功能和作用的关系。功能要定位好，另外就是要把作用发挥好。协会商会成立的目的就是要做事情和发挥作用，特别是作用发挥得好还是不好，大还是小，有利还是不利，我们也可以请一些协会互相进行点评和监督。现在有两个监管部门，一个是社团局，还有一个是业务方面的主管。

第四，自律和他律的关系。自律应该说非常重要，这个和它引领的人，和它产生时候的冲动、自觉有关系，一般来说没有什么特别情况，开始时都还是可以的。协会的参与人都是德高望重的人，由有品牌的机构发起搞的，都是规规矩矩做事的，所以自律非常重要。他律是什么？实际上就是主管部门的监督，包括社会的监督，怎么样把它结合起来，这不仅仅是监管的问题，做得好的时候还要表扬和鼓励。

第四章　中外行业协会商会自律法制建设问题比较研究

第一节　上海律师行业从自律走向自治的探索[①]

一、上海律师公会自律建设的回顾

上海最早出现的律师团体是“中华民国律师总会”，设立于1912年1月28日，它是由辛亥革命后期部分留日法科毕业生自发成立的。1912年9月16日，北洋政府在中国历史上颁布实施了第一个关于律师制度和律师业的单行法规——《中华民国律师暂行章程》，标志着中国律师制度的正式建立。1912年12月8日，“上海律师公会”在江苏教育总会会所召开了成立大会。上海律师公会是依据《中华民国律师暂行章程》自发组建的律师自律组织。

1927年南京国民政府成立后，上海律师公会宣告改组。改组之后，上海律师公会具有自治性，依法拥有对申请入会的律师所持相关证件的审查权。依据上海律师公会的审查结果，决定是否允许申请人入会。上海律师公会改组后在机构设置方面最具进步性的举措，当属设立监察委员会。监察委员会由三名监察委员组

---

① 本文作者：廖明涛，上海汇业律师事务所管理合伙人。

成，行使弹劾权和罢免权。监察范围包括常务委员、执行委员的工作，以及公会内会员的执业行为。监察委员会的设置，体现了公会实现各机构权力制衡的理念。为有效维护律师行业纪律，上海律师公会将一些律师应遵守的基本执业道德，以会则的形式确认。如其中规定：会员不得教唆委托人诉讼；会员负有保守秘密的义务；同一案件中会员不得同时接受诉讼双方的委托；不得伪造和藏匿证据等。

除原则性规定外，上海律师公会还主动监管会员执业。会员若有违反职业纪律的行为，公会立刻进行告诫。但是，由于国民政府对律师这个自由职业群体的控制，上海律师公会无法成为单纯的行业自治团体，也无法成为完全意义的民间组织，而是被纳入了国家行政管理体系中，承担起对律师群体的行政管理责任，成为一个带有公权力机关性质的民间社团组织。

上海解放后，上海律师公会全体会员进入中国新法学研究会组织的学习班学习并改造思想，公会于 1950 年 1 月 20 日被上海市军事管制委员会接管。

二、上海律师协会自律建设的现状

1979 年上海市律师协会恢复建会。当时的会员多为公职律师，会长由司法系统领导担任。1984 年通过了首部《上海市律师协会章程》。1995 年上海市政府颁布《上海市律师管理办法》，对律师的权利与义务作了具体规定，明确了律师协会作为行业自律组织的地位，规定了律师协会的职责。1996 年上海律师学院成立，这在全国尚属首例。律师学院每年通过组织各种培训班、研讨会、“在线培训”等形式，对全体律师从业人员进行业务、职业道德和执业纪律的培训教育。2001 年在上海市第六届律师代表大会上，朱洪超律师当选会长，这是第一次由执业律师当会长，揭开了上海律师行业自律管理新的一页。2003 年《上海市律师协会律师执业行为规范》试行，这是全国首部行业协会出台的执业行为规范，该规范从律师执业的基本职责与行为准则，参与诉讼与仲裁以及与律师同行、律师执业机构、律师管理机构的关系等方面，对执业律师的权利义务作出全面规定。

从全国来看，目前深圳市律师协会在协会领导选举方面做得是比较好的。深圳市律师协会的理事、监事，副会长、副监事长，会长、监事长都是由律师代表大会直接选举或罢免的。会长、副会长候选人应在投票选举前向大会全体会员代表发表参选演说。现任深圳市律师协会会长林昌炽在参选时承诺：一旦当选会长，会全职投入到会长岗位上，将辞去律所主任的职务，三年内不再接受任何新的案件。

维权与惩戒，是律协的两大重要职能，如“鸟之双翼，车之两轮”。2017 年 3 月 14 日，上海市律师协会举行了“维护律师执业权利中心和投诉受理查处中心”成立揭牌仪式。“维权中心”以“互联网 +”形式，创新性地开展工作，为广大律师依法诚信、规范执业提供有力保障。“投诉中心”，秉承“有诉必接、有接必查、有查必果、有违必究”的原则，从而确保纪律惩戒的规范性、针对性和及时性，提升了行业自律水平。

上海市律协还逐步完善了实习人员面试考核制度。实习人员一年的实习期满后，由三人组成的考核组对其进行面试，经过从题库抽取三道题目进行答题，面试官提问等环节后，市律协决定是否出具考核合格意见，目前面试通过率为 95% 左右。实习人员通过面试后，方可向司法局申请律师执业证。

上海律协设立了专门的纪律（惩戒）委员会，依据《上海市律师协会会员处分程序规则（试行）》明确了立案、调查、听证、处分、执行等具体的程序。对于会员违规行为实施纪律处分。去年就有几位律师因酒驾，受到了取消会员资格的处罚，并报司法行政机关吊销了律师执业证。当然，会员对处分决定不服的，有权向惩戒复查委员会进行复查。对于维持处分决定的，根据最高院的解释，鉴于律协行使了法律赋予的授权行为，可以对律协提出行政诉讼。

上海市律协设立了监事会，由律师代表选举产生。监事会的8位监事，差额选举产生。监事会主要对律协财务的预决算审核，并聘请外部会计师事务所每年独立审计，上海律协每年的会费收入在5000多万元。律师是专业人员，监事会的另一项工作，就是监督专业委员会工作。律协34个专业委员会，专业委员会的主任都是自己报名，委员无记名投票过半数产生。监事会对年度工作记分不达标的专业委员会主任要进行谈话，未达基本分值的末2位主任适用淘汰制改选。

律师协会实施行业管理的主要手段是规范化、制度化建设，即通过制定规则来实施对律师的自律管理，加强律师队伍建设。目前，上海市律师协会以章程为核心，以组织规则体系、行为规则体系、业务指引体系为主要内容的行业自律规则体系已基本形成。现行的《上海市律师协会章程》是2018年10月13日上海市第十届律师代表大会第一次临时会议第五次修订的。组织规则和行为规则方面的规定，主要有《上海市律师协会律师执业行为规范（试行）》《上海市律师协会会员处分程序规则（试行）》《上海市律师协会律师执业利益冲突认定和处理规则》《上海市律师服务收费管理办法》等。同时，上海市律师协会制定了大量的业务指引，如在2018年4月发布的《律师办理非上市公司股权激励法律业务操作指引（试行）》《律师办理私募投资基金法律业务操作指引》《律师办理环境侵权案件操作指引》等。上海市律协不仅告诉律师什么能做，什么不能做，而且告诉律师应该怎么做，怎么能够做得更好。

在各方的共同努力下，近年来，上海律师业呈现快速发展趋势。截至2017年12月31日，全市律所总数1537家，全市执业律师总数21743名。2017年全市律师办理各类诉讼案件20.4万件，办理各类非诉讼案件8.3万件。全市律师代理法律援助案件1.3万件，提供各类公益法律服务7.3万件（次）。2017年全行业业务收入突破200亿元。

三、汇业律师事务所自律管理的实践

汇业律师事务所（以下简称汇业所）成立于1999年，是一家全国领先的、以商业法律服务见长的综合性律师事务所。汇业所总部位于上海，并在北京、广州、南京、成都、兰州、太原、宁波、西安、武汉、香港以及美国亚特兰大设立办公机构。汇业所拥有一支来自社会各领域的精英团队，现有执业律师和专业人员达400余人。精细分工基础上的团队合作，以及严格的质量控制，是汇业所每一个成员最重要的执业理念。

汇业所高度重视律师的自律管理工作，自成立之日起，自律便是立所之本。在汇业所全国管委会的统一领导下，汇业所制定了《汇业律师事务所律师投诉及违规处分规定》，以此严格规范与指导律师的行为。汇业所还设立了专门机构和人员，对于律所出具的每一份文件进行严格的审核，经过资深律师复查通过后，才可以用印发出。汇业所还设有专门的机构和人员，主动询问客户对承办律师的意见，每一个案件结束时，也会收集客户对承办律师的评价表。汇业所还和专业软件开发公司合作，结合律师执业的特点，定制了律所的专用OA系统，每一个案件，每一份合同，每一张发票，每一件快递，必须都通过OA系统进行层层审核，在代理一个客户之前，系统便会自动进行利益冲突检索，代理过程中的每一步都会上传到系统内，全流程的留痕，事前、事中、事后全方位的监督管理。严格的自律管理，使得汇业所自设立以来，没有出现过重大的执业风险事件，确保了律所不断做强做优做大。

四、从自律走向自治的建议

国外的律师管理体制，大致上有三种模式：第一种是律师协会行业管理。如法国、日本、加拿大的律师协会既有律师资格的授予权，又行使对律师的惩戒权，实行完全的行业自治。第二种是对律师的管理由律师协会和法院共同运作来完成的，如美国和英国等国家。在美国，法院具有颁布律师执照的权力，虽然批准律师从业的绝大部分工作由律师协会去做，但最关键的一关却在法院。律师资格的执照由法院颁发，而且取得律师资格的人必须在州法院宣誓。法院具有对律师适用惩戒的权力。第三种是司法行政机关监督、指导下的律师协会管理体制，这种体制以德国最为典型。德国律师协会属于“公法法人”，受司法行政机关的监督。是否授予律师资格由各州司法行政机关决定。律师的惩戒权则由惩戒法庭也称名誉法庭行使。无论是实行完全律师行业自治的国家，还是高度行业自治国家，都是根据了本国的法治理念和自己的国情对律师进行管理的。如日本，为了摆脱国家的干预，保障律师的独立性，因此实行完全的自主管理。美国是分权制衡的思想在律师管理体制中的体现，即律协监督管理律师，法院监督律协，而律协又通过上诉权、选举权等来监督法院。

我国律师制度恢复至今，律师行业的管理经历了从最早的顶着“国家法律工作者”帽子的“官办官管”的他治模式，到“建立司法行政机关的行政管理与律师协会行业管理相结合的管理体制”的“官民结合”的混治模式（通称“两结合”的管理模式）这样一个略显漫长但意义深远的过程。

2016年，中共中央办公厅、国务院办公厅印发《关于深化律师制度改革的意见》指出，健全律师执业管理体制，坚持和完善司法行政机关行政管理和律师协会行业自律管理相结合的律师工作管理体制，司法行政机关要切实履行对律师、律师事务所和律师协会的监督、指导职责，律师协会要发挥好党和政府联系广大律师的桥梁纽带作用，依法依章程履行行业管理职责，加强律师事务所管理，完善律师事务所及其负责人责任追究制度。从目前的情况来看，随着司法体制改革的不断深入，国家对律师行业的管理是会不断加强的，律师的执业行为会更加规范。

律师职业是崇尚自律的，因为律师职业只有实行自我约束，最大限度地减少行政权力对律师业务活动的干预，才能保证律师的独立性。这也就决定了对律师应当尽量减少行政性管理，对律师的约束应当更多地来自于律师内部。

原司法部部长、现最高人民检察院检察长张军多次强调，律师队伍建设要"讲政治、履职责、促改革、重自律"。明确提出了"律协是律师之家，是律师的娘家，让律协挺在前面"的要求。

律师协会不能只是自律组织，而必须是自治组织。自律是一种消极自由，自治具有积极主动地自我完善的意旨，符合律师作为社会法律服务人员的特点。自治这种相对自主权的必然结果就是要加强自律，或者说自治要以自律为前提。

律师自治和律师自律是世界律师行业的发展趋势和方向。在现阶段，即使我们还达不到律师的完全自治，但也应当在"两结合"的体制中进一步扩大律师协会的管理权限，将律师自治所必须的权力移交或归还律师协会，让律师协会更广泛、更深入地参与律师管理工作，逐步从"以律师协会为主，以司法行政机关为辅"的角色定位过渡到律师的充分自律与自治，从而不断提高律师诚实信用、勤勉敬业的职业道德，要求律师尽最大可能维护当事人的合法权益。

坚守和坚持社会主义市场经济和法治社会的方向，律师行业从自律走向自治的道路一定会更加顺畅。

第二节　香港律师总会的自律规则[①]

一、律师会自律的理论基础

行业自律是维护律师专业独立的重要元素。律师的角色是向客户提供法律意见，以当事人最佳的利益出发，保护他的法律权益。律师必须以开诚布公，公正中肯的态度对待当事人。必须要能与当事人全面而毫无保留地沟通。与此同时，当事人必须感到安全和可以全无顾虑地与律师沟通，即使当事人没有提出特别的相关要求，他向律师披露的所有事都会得到绝对保密。

律师不得让本身的利益与当事人的利益有任何实际或潜在的冲突。要满足以上的操守要求，若律师行业受政府或任何其他有关机构监管，当争议涉及政府，律师代表当事人抗辩就会出现利益冲突，因为律师将被视为受第三方监管权力影响，有被骚扰或被制裁的顾虑，没有独立性去中肯地为客户提供法律服务。

二、律师会的自律制度

香港律师实行行业自律，香港律师会的自律制度有以下

① 本文作者：熊运信，香港李伟斌律师行高级合伙人。

特点：

（1）清晰透明的自律架构以确保长远运作畅顺；

（2）客观、公平、公正的权力规范以建立公信力；

（3）有效机制保护公众利益；

（4）稳定的财政来源以维持监管费用。

三、清晰透明的自律架构

香港律师会是香港律师的专业团体，在 1907 年注册为有限公司。已有 111 年的历史。

律师会是以担保有限公司的形式组成，按照香港的公司法的条文和公司的组织章程运作。一般非牟利的机构，都是以这个形式运作。每个会员的责任上限为 50 港币，如果清盘，会员有责任支付律师会的债务，但是金额不超过 50 港币。

虽然是有限公司，但我们跟一般的股东制的公司不同，律师会的收入盈余是不可以分配给会员的，当然如果会员向律师会提供有偿服务等，那是可以根据合约支付服务费的。

如果是清盘，所有盈余必须转到其他与律师会有相类似宗旨的机构。法例和公司的组织章程都是公开的，公众可以随时查阅。现在律师会有 10790 多名律师会员，1480 名外地律师（他们可以选择为附属会员），还有 190 名学生会员。

如果更改公司章程，必须经会员大会通过，一切有关程序都详细载于章程内。律师会的理事会是律师会的最高管理层。理事会有 20 名理事，在每年举行的会员周年大会，5 位任期最长的理事要退任，但他们可以再参选，这样一来，每年就必定有 5 个空缺，“新人”就有机会参选，参与律师会的管理工作。

四、规范权力范围提高自律公信度

监管律师的权力和功能是由律师会来执行。这些权力来自法例（香港法律执业者条例），监管对象，调查权力，纪律聆讯程序，处罚方法范围等，都有条文规定。

根据法例规定，律师会的监管对象包括本地律师，注册外地律师，实习律师和律师行的雇员，总数现在大概 3 万人。

监管的权力主要包括律师资格认许，执业资格审批，专业操守规范。

首先，律师是“法院人员”，资格是由法庭批的，但是法庭批之前，要先确定申请人是否已经满足了考试和实习的要求。审查申请工作就由律师会负责。律师必须有执业证书才可以执业，执业证书每年都要更新，律师会就负责审批律师证书的申请。条件包括：

（1）必须是律师会的会员，付了会费；

（2）已经提交了年度的律师执业账目；

（3）买了法定的执业保险；

（4）完成了专业进修要求的学分。

一般对律师的投诉都是来自客户，在 2016 年，律师会收到了 961 宗投诉，其中有 426 宗是来自公众，41 宗是来自律师业界。

律师会的审查和纪律部下的执业操守组的工作，就是负责调查投诉。

投诉人要先填一份投诉表格，详细列出投诉的事项，加上有关的文件，交给律师会。

收到了填妥的表格以后，执业操守组开始调查，决定表面证据是否构成专业操守不当行为。“不当行为”在法例都有明确的定义。

如果表面证据不成立，投诉组可以决定终止调查，向审查和纪律常务委员会（20 名委员）报告，委员会有权要求继续调查。

如果表面证据成立，操守组就会把投诉表格和所有有关文件，送给答辩人，要求他解释。

律师会的调查过程遵守独立和公正原则，确保双方都有同样的资料和解释的机会。

调查完成，操守组会向一个由 3 名审查和纪律委员会的会员组成的调查委员会提交报告。如果律师会认为有人不适合当律师（比如是健康，执业能力，财政状况，被判有罪可能要坐牢等原因），可以：

（1）要求律师提交任何文件；

（2）委派调查员去查阅文件，收集证据（这些都不受律师与客户间特权的限制）。

调查委员会作出的决定，如果是轻的，可以发信表示不同程度的遗憾，谴责，强烈谴责等。比较严重的，例如严重违反律师账目规则等，会转到独立的律师纪律审裁团的召集人处理。审裁团由 120 名至少 10 年经验的执业律师，10 名外地律师，60 名非法律专业人员组成，由终审法院首席法官任命。

转到律师纪律审裁团的召集人，也有 2 个方法处理，如果是重犯，有不诚实、故意等的意图，会由 3 名审裁员（2 名律师，1 名非律师）组成的审裁组开庭聆讯（如果罪名成立，律师可被停牌，撤销律师资格，罚款最高 50 万美元，附加执业条件等）。如果是涉及简易程序里面规定的条例，而且被告是认罪的，就可以用简易程序处理，支付定额罚款和调查费（有权上诉到上诉庭）。

审裁组在聆讯时，具有所有法院和法官在诉讼过程中的权力。

律师会有权公开发表审裁组的命令的要点和律师的名称，律师会一般都把资料在我们的会刊刊登出来，保持透明度。律师会在审裁聆讯中产生的开支（例如聘请律师检控的费用），如果判了是由被告付的，而律师会又讨不回来，那就可以向律政司申请付给律师会。律师会在一些法定的情况下，为保护客户和公众利益，有权介入和接管律师行，例如独资经营的律师跑掉，或者是病重、犯罪要坐牢、精神病、年纪太大、破产等，令律师行没有律师管理。在2017年，律师会接管了2家律师行，委任接管人（律师行）去处理停业的事情，联络客户商量把案件分配给其他的律师行等工作。律师会有权订立规则，包括有关律师账目的管理，专业进修的要求，执业证书的签发，执业操守和保险的规定等（规则要由终审法院首席法官批准，经立法局通过成为附属法例）。

如果律师在拿到执业证书之后，有某些情况发生，例如，被停牌、被法庭判罚款、复牌、被律师审裁组处罚等，律师会有权在执业证书附加执业条件（例如，不可以独资经营律师楼，不可以被授权运作律师楼客户的银行户口等）。

五、完善自律机制保护公众利益

律师会在1986年形成了专业弥偿计划，目的是根据《法律执业者条例》第73A条的规定，为香港执业律师提供专业弥偿保险。

专业弥偿保险的内容是由法例规定的，该规则列出受保范围和条件。律师会1989年成立弥偿公司，执行和管理计划下的基金，并作为基金的管理公司。每一家律师行必须向弥偿公司缴纳供款，供款的数目取决于律师行主管和助理律师的数目，及律师行的总收入额。如因民事法律责任作出的索偿而引致律师损失，弥偿公司会为律师、前律师，及雇员提供弥偿。每一项索偿的弥偿上限（包括讼费）是港币1000万元（包括受保人的免赔额）。律师行可以选择自行购买加额弥偿保险。

六、按时缴纳会费维持自律费用

律师会收入的来源主要是执业证书费，外地律师和律师行注册费，实习律师注册费，会费等。如果律师要执业，他们必须先成为律师会会员，申请执业证书才可以执业，这些都是法例规定。律师会收取的会员费和执业证书费，就成为稳定的资金来源，用以维持监管费用。

第三节 美英证券业规制中自律监管的变迁和作用[①]

一、引 言

自律监管这一名词具有极其多重的含义。比较常见的是，企业在提供商品或服务时，在自己遵守自身的纪律层面进行自我约束。但证券从业者所作出的自律监管（以证券交易所、证券业协会作出的自律监管为中心），在历史上超越了那种自我约束，在

① 本文作者：上村达男，早稻田大学学村学院教授。译文：诸秀艳，早稻田大学学村学院博士。

形成证券市场这一国家公益的层面，自律监管承担了制度的核心。自律监管的发展所体现的一个方面是在该领域具有成熟的成文法，另一个方面则是成文法为了达到其目的，自律监管规则成为必不可少的一部分。

二、美国证券规制中自律监管的变迁和功能

最初证券规制是指证券从业者作出的自律监管，它也被视为是不认可成文法和司法介入的绝对自律监管的起源。之后，20 世纪 10 年代最早制定的州证券法（所谓的蓝天法）在股份发行阶段引入了审查该发行行为妥当性的规制主义规则，这是因为 100 多年前的股份销售常常带有一种欺诈手段的色彩。在大萧条后的 20 世纪 30 年代引入联邦证券规制之前，证券从业者作出的自律监管才是证券规制的中心。进入 20 世纪以来发生了大规模的股份发行潮，但当时缺乏现在这样的条件，投资者无法通过适当的信息披露和会计审计制度来判断股份的价值，投资者购买股份时通常是基于一种认识——类似于从“××证券从业者”处购买绝对没错，因此可以说从业者的自律监管的意义特别重大。即使到现在，如果违反了美国证券交易要约规则，那么其争议处理，也是依赖统一了美国纽约证券交易所的自律监管机构和统一了纳斯达克的美国金融监管局（Financial Industry Regulatory Authority）作出的证券仲裁，该仲裁裁决的权威几乎等同于判决，这就是美国证券业自律监管的历史背景。

即使大萧条之后，美国已经确立了以 1933 年证券法、1934 年证券交易法为核心的联邦证券法制，并且设置了强有力的特别行政委员会美国证券交易委员会，但美国证券业依然继续依赖于自律监管。当时美国证券交易委员会的态度就是，政府在门后装

满弹药，擦亮了枪时刻准备着，但希望绝不要产生使用的必要。(会计规则虽然也在美国证券交易委员会的管辖之下，但专业性很强，至今依赖于自律监管的倾向仍很强)，1975 年，伴随着全美市场系统（National Market System）的构建，证券交易所、证券业协会规制被大幅度强化，自律监管的性质也实际上成为“联邦规制下的自律监管”。逐渐地，规制的主角演变为联邦规制，自律监管本质上成为了一种“间接规制”。在日本，金融厅给证券交易所、证券业协会发放牌照，就各自的章程、业务规定及其他各项规则的制定，几乎每一字每一句都直接参与，拥有极大的监管权限和行政处分权限，甚至包括更换最高经营管理层的权限。一直以来，笔者个人认为，在这样的自律监管机构的各项规则中，根据所规定内容的性质，有很多条款可以被称为准规章。

但这样的现象并不应被理解为自律监管意义的倒退，而是自律监管功能的明确化。成文法无论有多充实也需要自律监管，因为资本市场极其灵活多变，必须在市场当场处理。上市管理（监理）、买卖监理、即时信息披露（timely disclosure）等，需要在市场当场时时刻刻进行应对的情况极多，这些都是金融厅自身无法应对的事项。例如，即时信息披露中若存在问题，则需要立即采取暂时停止买卖等措施，但这样的即时应对所需要的是，能够在现场立即决定予以实施。这样的自律监管机构作出的规制可称之为“现场主义”，它也应当被视为证券规制的本质要求。实际上，基于成文法的规制，也是运用部门规章来指引随机应变的措施得到实施，在英国这是一种曾经被称为反应规制（responsive regulation）形式的体现，而基于现场主义要求的自律监管的功能则进一步彻底实现了该反应规制。

当然，这并不意味着该规制的性质会因为是成文法或是自律监管而导致在重要性方面存在重大差别。例如，有价证券报告书

（美国的年报）的确是成文法上的重要制度，但即时信息披露在重要性上不及有价证券报告书，并不仅仅因其是基于证券交易所规则的要求。迅速披露交易对象商品的质量变化信息，是市场的价格形成绝对必不可少的，否则投资者（消费者）购买的证券很可能与真实价值不同。有价证券报告书（年报）是将一年中切实履行了的即时信息披露的内容以年鉴、年报的形式保存下来，因此很重要，但即时信息披露对于市场的价格形成而言则绝对是更重要的。笔者作出了一个假想，如果没有有价证券报告书，资本市场只要切实履行了即时信息披露就大致能够成立，但没有即时信息披露的话，资本市场是根本无法成立的。日本曾有一段时间认为自律监管是成文法的补充，但尽管在内容上存在那样的部分，也仅仅是强调自律监管中有重要的内容。交易所、柜台市场内部规定中有关从业者职责的业务规定等，也都是与确保形成公允价格直接相关的业务，可以说常常比成文法的各项规定更重要。

另外，会计准则、审计规则的设置主体是财务会计准则委员会，这是一个民间任意团体，但规制的法律权限在联邦证券规制下，属于美国证券交易委员会。这样的形式也是体现了作为资本市场规制的间接规制的状态，体现了基于资本市场的现场主义的规制形式。

此外，应当注意的是，美国因为没有联邦公司法，因此存在自律监管规则替代联邦公司法的情况。例如，董事、董事会等与公司治理有关的制度是州公司法上的问题，但萨班斯—奥克斯利法案以来，董事会内设置的提名、薪酬委员会是证券交易所规则所要求的，这是美国独特的便利举措。由于将州公司法管辖事项（如公司治理问题）写入联邦证券法中有可能违反宪法，但若是证券交易所则应该没问题。

三、英国证券规制中自律监管的变迁和功能

英国原本没有类似于日本的证券交易法或金融商品交易法的综合性证券法制，证券规制均由自律监管。与之相关的综合性法制是1986年制定的金融服务法（Financial Services Act）。但一直以来英国公司法中就有内幕交易、证券欺诈、招股说明书规制等内容。之后，2000年制定的金融服务市场法（Financial Services and Markets Act），也包含市场规制的内容。英国的自律监管（enforced self-regulation），是有强行法性质的自律监管。因此，即使违反自律监管规则，也可能成为请求损害赔偿、停止侵权行为请求的依据，实际上可以说自律监管规则就是成文法本身。之后，欧盟统一规制时，依然以自律监管的性质进行整合，这是基于避免成为一国内部如德国宪法法院的违宪审查对象的考虑，上述2000年金融服务市场法制定时，英国就将所有自律监管界定为成文法（statutes），直至今日依然如此。这意味着将自律监管规则直接说成是成文法也没有违和感。也就是说，将自律监管区别于成文法进行定性本身没有多大意义，自律监管规则本身就是强有力的规范。英国没有宪法典，但有宪法这一传统。一直被视为英国的证券规制当局的英国金融服务管理局（Financial Services Authority）的法律性质是各种业界出资成立的保证有限责任公司（company limited by guarantee），实际上，称规制当局自身是自律监管机构虽然也没错，但它一直被视为政府机关，与美国相同，它是具备成文法依据的任意的自律监管机构。这样的规制形式，追求即时性强且专业性较高的规制形式，也体现了资本市场规制的“现场主义”的形态，但这并不同于在股份公司中数量非常少的德国商法中的会计准则。日本的企业会计审议会（Business Accounting Council）作为与法制审议会（Legislative Council）、金

融审议会（Financial System Council）等不同系统的公允会计惯例的确认主体，由作为公益财团法人的自律监管机构——企业会计基准委员会设定标准。上述主体法律地位都不明确，虽然不被国外视为公共部门（public sector），但事实上却处于金融厅的管理之下。这里设定的规则被作为“公允的会计惯例”，因此公司法将公允的会计惯例作为会计依据的结果，其规则也体现在公司法和金融商品交易法之中。

但是非常有趣的是，英国的会计标准设定母体公开的公司治理准则、机构投资者尽责管理守则，在公司法和在资本市场法上都具有重大意义，在境外各国也正逐步普及。日本最近倾向于关注公司治理准则的讨论，而不是公司法的讨论。会计标准设定母体成为关于公司的重要规则的公开母体，也体现了英国法的形成形式。英国的该公司治理准则被称为（对规则的）遵守或释明，也被认为是不具备强行法性质的软法。英国在总是热衷于公司法修订的前提下（每 20 年作一次大修订——2006 年、1985 年、1967 年、1948 年、1929 年、1907 年），将比成文法水平更高的规则规定在自律监管机构制定的软法中，然后再将逐渐成熟的内容放入成文法中。这是因为一下子将其作为基于成文法的强行法，效果太猛烈。日本为应对经济不景气的状况，从重视创业、重组、成长战略等角度出发，正逐渐将规制放宽松，由于存在软法与整体规制不一致的倾向，因此须谨慎地进行评价。

另外，由于软法中存在其设定规则的程序较为宽松和作为规范的力量较为羸弱两重意思，因此需要特别注意。

四、结　语

综合以上内容，就应该如何考虑自律监管的形式，笔者有以下观点：如果像英国一样，在频繁修订公司法的前提下，探索一次性将全部相关内容整理成综合性法律的形式，那么自律监管成为规则补充的色彩就会很浓厚。与此相对，也可以设想通过一开始就将自律监管规则的权威性设定得很高，从而促成其形成必要规则的方式。此时，倒不如说成文法就很可能是退一步被界定为补充角色，就像曾经美国的SEC一样，必要时方才登场。此时，也可以考虑像英国一样将资本市场法制和灵活运用资本市场的股份公司法作为一个整体进行把握。如上所述，由于这样的问题体现了各个国家的历史发展，因此对其进行评价本身并不是一件容易的事情。也存在像英国一样自律监管规则是“法”本身的情况。

另外，如前所述，如果特别重视资本市场规制，就需要确认与规制当局、成文法的形式相应的“现场主义”规制的意义。经确认基本规则后，尊重现场主义的意义会有助于促进从业者的成长和健全资本市场的形成。股份市场并不仅仅意味着财产权市场，其中附着的引领表决权这一企业社会形式方向的权利的意义，并未得到多少重视，但即使财产权市场国际化，由于民主形式有关的规则中不存在国际化规则，因此在该方面可能存在应以该国的资本市场的发展阶段为准，不能一概而论否定保护主义倾向的情况。

第四节　日本证券协会自主规制的构架[①]

一、日本证券协会的基本情况

日本证券协会（以下简称本协会）是依金融商品交易法经内

① 本文作者：日本证券协会常务、自主规制本部长山内公明。

阁总理大臣认可的金融商品交易业协会，目的在于促进有价证券买卖交易等的公正化和流畅化，以期实现金融商品交易业者的健全发展，并有助于对投资者的保护。

主要业务内容为与有价证券关联业相关的自主规制业务和与证券战略相关的业界团体活动。此外，还致力于金融证券教育的支援以及国际业务、国际交流等业务。

本协会是由协会会员组成的团体。截至2018年3月末，全国已有包括264家证券公司、209家银行及生命保险公司等部分金融机构在内的479家机构成为协会会员。

日本金融厅一方面对金融机构进行直接指导和监督，另一方面将部分规制作为“自主规制”而交由证券公司或登记金融机构自行制定规定，并对该自主规制机关进行监督，以实现有效监管。

同时，还设有属于金融厅的证券交易等监视委员会。监视委员会依金融商品交易法检查交易审查，对违反者，要求机构进行业务改进或建议金融厅等作出行政处分等。

在日本，与有价证券关联业相关的自主规制机构中，除本协会之外，尚有金融商品交易所。本协会专门负责金融商品交易业者的行为规制以及场外交易相关的规制，而金融商品交易所则负责该交易所的运营及场内交易的相关规制。

自主规制机构与金融厅及监视委员会之间寄望于适当的情报共享，而本协会与交易所之间则寄望于对证券公司等协同监察等的适当合作以及自主规制的合理化和有效化。

二、日本证券协会的组织体系

总会负责章程的修订、经营事业的规划、会长和理事的选任等作为协会组织运营基础的重要事项的决议。理事会负责章程中制定的有关业务运营方面的决议，但其部分权限委任给自主规制会议以及证券战略会议。

自主规制会议负责自主规制的完善、监察、处分等自主规制相关重要事项的决议。

此外，事务局体系方面，截至2018年3月末，在东京本部以外，日本全国设有8所地方协会，管理层和员工共计361人。

由于本协会兼有自主规制机关和业界团体的双重职能，因此，有必要管理两者间产生的利益冲突。

如前所述，在业界活动和自主规制运营的意思决定流程中设立两种会议体制来建立防火墙的同时，不同于由专门协会会员组成的证券战略会议，鉴于自主规制决议的公正性和中立性，并确保运营的独立性，自主规制会议中，半数以上拥有表决权的委员由作为外部有识之士的公益委员等组成。议长从公益委员中选出。同时，关于决议，设置了有特殊利害关系的委员无权表决的措施。

三、规制协会的自律措施

自主规制机关的主要职能是自主规制规定的制定与调整。如前所述，听取外部有识之士意见，完善协会会员所应遵守的自主规制规定的同时，开展运营和解释工作。

1. 监察。本协会在定期或分类实施现场对协会会员的法令和自主规制规则等的遵守情况，以及对内部管理体制完善情况等进行核查的同时，对于经营状况等，也会根据书面材料等采取临时监测等措施。

在监察实施过程中，依照每个经营年度来监察重点项目、选定对象和实施方法等的汇总监察计划，进而实施高效且有深度地监察。

2. 处分。以下是关于协会会员以及协会会员管理层和员工的处分。协会会员或协会会员管理层、员工被发现从事违反法令及各项规定等行为时，根据其严重性及恶劣性等作出处分并予以公布。对协会会员的处分措施包括谴责，以5亿日元为上限的过失金罚款，会员权的停止、限制及除名。对管理层或员工，则有针对不当行为人的永久或5年内禁止聘用的处理措施，以及最长5年的职务禁止措施。

在作出处分等决定时，该公司或当事人有机会申辩，且对于所决定的处分等有权申请不服审查并接受再审查。

3. 提升会员员工素质。从事金融商品交易业者应在金融厅登记成为证券外务员。本协会接受前述登记申请，为维持和提升外务员的素质，实施外务员资格考试，且作为证券外务员的登记要件，其有义务取得与业务内容相应的执业资格的同时，每5年应至少参加一次更新资格的研修课程。

4. 纠纷、投诉的解决。解决投资家有关协会会员业务的投诉及纠纷是本协会的重要职能之一。

通过应对金融商品等的咨询或投诉，将投诉内容传达给对应的协会会员，并协助解决问题。若与对应的协会会员商谈后未能予以解决且顾客无法接受，则适用诉讼、调停、斡旋制度。此外，本业务会委托给作为诉讼外纠纷解决程序机关而设立的证券金融商品斡旋中心。

本协会正在完善投资推销、顾客管理、管理层和员工禁止行为、广告规制等有利于金融商品交易业正当运营和投资者保护，以及股票、债权、外国商品等各类金融商品交易的相关规则等约50项规定。

由于这些自主规制规定中尚有50年前的规定，所以本协会广泛征集规则的修订建议并对规定进行完善以防止规定的滞后化，并推行顺应时势的规定。

以下介绍2010年自主规制方法恳谈会上本协会所汇总整理的自主规制的意义及优势。

首先是自律性。基于自定规则以规范自身的自治精神，与健全的合规行为相联系，通过让协会会员自行参与自主规制所定之流程而得以理解规定的宗旨和目的。

其次是专业性。为了适当规制金融商品交易这一专业性的技术领域，由熟悉市场现状且精通实务者率先利用其智慧进行应对，才能够实现顺应市场实际情况的有效规制。

最后是机动性和灵活性。瞬息万变的金融商品市场中，为了适用合乎实际情况的规则，较之法令，可机动且灵活进行完善的自主规制可能更为适宜。

第五节　国际非政府组织自律规制对我国的启示①

目前，我国行业协会存在以下四个问题，行业协会功能定位模糊、行业管理体制混乱、行业自律机制存在缺陷、活动经费欠缺。为解决这些问题，我们先了解一下国际非政府组织的有关规制。

一、国际组织的一般制度

国际组织的一般制度主要包括下列三项。

① 本文作者：李志强，上海金茂凯德律师事务所创始合伙人、一级律师。

1. 成员制度。国际组织的成员一般可以分为正式成员和非正式成员两种：

（1）正式成员。正式成员有时又被分为参与创建该组织的原始成员和在组织成立后的纳入成员。正式成员通常参加组织的全部活动并拥有完全的权利。国际组织的正式成员一般是国家，但在个别情况下，经特别约定，也可以是某些特定的非主权实体或其他的国际组织。在这种特殊安排下，具有某个国际组织正式成员资格的参加者并不因此而获得国际法主体的地位。

（2）非正式成员。非正式成员包括准成员和观察员。准成员也被称为联系会员，是被接受参加组织的活动，但因某些条件或原因，部分权利受到限制的成员。准成员通常在组织的主要机构中没有选举权和被选举权，也没有表决权。观察员是有条件地被邀请或接受出席有关会议或参加某些活动者。其主要职能是了解和咨询，不享有正式成员享有的表决权等权利。观察员有时也被称为咨询会员。有些是常设性的，但多数是每次会议时临时邀请或接受的。

2. 机构制度。国际组织的机构由其职能和成员约定而设立。通常包括三个主要机构：

（1）权力和决策机构。通常称为大会、代表大会、全体会议等，一般由所有成员代表参加。有些组织的该种会议是由成员国代表、首脑或部长组成或参加。

（2）执行机构。通常称为理事会、执行局或执行委员会，它由部分成员国的代表依该组织的章程组成，负责相关事项的执行和处理。其职能范围与工作方式依其基本组织文件而各有不同。

（3）行政机构。一般称为秘书处。主要从事成员之间的联系、信息交换、内部管理等日常性事务性工作。秘书处一般根据有关章程，聘任各国公民组成。受聘人员作为国际公务员，不代表任何国家，仅以个人中立身份接受该组织指示，完成交办的工作，并从该组织获得报酬。

3. 表决制度。国际组织成员对组织文件草案的赞同或反对的表示方式即为表决，表决及其与被表决文件的最终形成或通过的关系所涉及的规则构成了表决制度。国际组织采用的表决制度由其章程决定。通过后的文件名称和拘束力，取决于不同组织及其对相关事项的具体规定。实践中，表决制度一般有以下几种：

（1）一致同意制。采取每位成员一票，并要求议案经所有成员一致同意方可通过。

（2）多数同意制。采用一人一票，要求议案经成员中多数同意票即可通过。多数通过制又分为简单多数通过、特定多数通过、多数加特定成员通过这三种。简单多数通过指有超过半数的同意票即可获得通过；特定多数通过要求达到一定比例的多数时议案才能通过，如2/3多数；多数加特定成员同意制，除对票数数量作出要求外，还要求包括特定成员的同意票方可通过。

（3）加权表决制。它具有某些股份制表决的特点，多用于金融等经济性组织。各成员由其对组织的贡献或责任的不同，根据组织章程规定的分配标准，享有不同的投票权，在此基础上进行表决。

（4）协商一致制。在成员间进行广泛协商后，不采用投票表决方式而采取对议案达成一致或不持异议则通过。

二、借鉴国际组织规则发展我国行业协会

国际组织的下列两项规则，对发展我国行业协会有一定参考价值。

1. 完善的会员制度。行业自律组织需要制定一定的自律规范，对会员准入、会员日常管理、退会等方面产生一定的强制约

束力，以保障其对会员自律管理的效力。

（1）入会条件清晰。环太平洋律师协会规定协会的会员资格向所有合格的律师开放，要求入会会员信誉良好，愿意遵守环太平洋律师协会基本制度，同时成员仅限于个人，任何性质的组织都不得成为协会会员。所有会员的详细信息都由秘书处保存在会员登记册中，视作协会的会员。

英国网贷自律组织要求新成员至少已进行 6 个月的相关交易，且公司的商业模式负责任何可持续条件。《香港银行公会条例》规定，所有在香港营业的持牌银行都必须成为香港银行公会会员。

（2）日常管理规范。环太平洋律师协会规定，提名委员会由主席、副主席、秘书处、前任主席等组成，环太平洋律师协会理事由提名委员会选举产生，年终理事会确定年会举办城市及提名副主席，该年会举办城市举办年会成功后，就任协会主席。

澳洲支付清算协会规定，“参会会员”有权参与大会并指定或投票选出委员会主席，“运营会员”有权就支付流等相关议题进行商议并参与协会举办的各类活动。

（3）退出机制明确。环太平洋律师协会规定，当协会会员不再是合格的律师或者不再信誉良好，或者未在理事会确定的时间内缴纳会费，则由秘书长将其从会员登记册中删除姓名。

美国全国期货协会规定终止会员身份的 8 种情形，包括主动要求撤销会员身份、未按规定通报地址变更、未按时提交年度调查问卷等，但规定会员不能通过退出协会来回避遵守道德上和财务上的规则。

2. 明确的自律体系。环太平洋律师协会明确协会宗旨是向所有信誉良好的会员提供机会，为太平洋和亚洲地区的法律专业的发展作出贡献，为区域法律和法律结构的发展作出贡献，与居住在该地区的其他律师会面并交换意见，研究和讨论区域内相关法律问题，促进本区域法治推进。同时在自律规则中规定了主席、副主席、秘书长、理事会、理事、会员等的权利与义务，完善协会体系，使协会更好地服务该区域的法治建设。

又如美国期货行业自律组织包括两大类：期货行业协会和期货交易所，其中前者又包括全国期货协会和期货行业协会两部分，整体上构成了职能完善、覆盖到位、分工明确的自律监管体系。

三、国际组织规则对我国的启示

国际组织规则对我国主要有下列五方面的启示。

1. 规范内部组织架构，明确权责划分。进一步健全我国行业自律组织领导机制，依据章程设置合理机制选出协会会长、理事长等重要职务。同时，强调协会领导的责任，使其权责协调一致。在自律组织内部，完善权利决策部门、执行协调部门、检查监督部门等机构的设置，形成三类机构之间互相配合、互相制约的格局。在此基础上，明确划分各部门和相关人员的权责，并建立绩效考评、监督追责等内控制度，加强人员、资金等方面的管理，保障组织内各部门分工负责、各司其职，推动协会各项工作高效开展，促进协会有序运营。

2. 保障经费充足稳定，严格财务管理。规定经费来源渠道，主要采用固定会费加适当比例经营提成的形式筹集运作经费，保障经费的持续性、充足性与稳定性。对经费的保管及使用须有严格的财务制度，专款专用，切实节约成本，合理制定预算，接受自律组织内部合规审计部门及广大会员的监督。

3. 重视会员管理，提高运作效率。一是要明确会员入会门槛，规定申请会员需要满足的各项条件，也可借鉴环太平洋律师协会的规定，欢迎合格且优秀的律师入会。二是要加强会员日常管理，要制定自律组织规则，明确会员的权利和义务，并赋予自律组织监督会员的权利。三是要规范退会程序，会员满足一定条件可以提出退出协会，必要时也可以将违反规章的会员开除。

4. 找准自身角色，将自律落到实处。明确协会宗旨，发挥行业排头兵作用，着手研究行业运营规则，推动监管部门从宏观视角和大局层面出台监管法规。同时，加强职责分工，突出自律组织的专业性，切实将自律职能落实到位。

5. 科学合理设置职能，全面推进自律。要以专业的视角在准入门槛、信息披露、风险防控等方面提出行业标准，维护社会公信力，保障行业人员合法权益。此外，还要发挥服务功能，重视服务协会会员这项职能，利用协会平台优势，组织会员召开行业研讨会、业务咨询、合作洽谈等活动，通过刊物印发、资料共享等方式加强会员间的沟通交流。

附　录

社会团体登记管理条例

（1998 年 9 月 25 日国务院第 8 次常务会议通过　1998 年 10 月 25 日国务院令第 250 号发布　根据 2016 年 2 月 6 日《国务院关于修改部分行政法规的决定》修订）

第一章　总　　则

第一条　为了保障公民的结社自由，维护社会团体的合法权益，加强对社会团体的登记管理，促进社会主义物质文明、精神文明建设，制定本条例。

第二条　本条例所称社会团体，是指中国公民自愿组成，为实现会员共同意愿，按照其章程开展活动的非营利性社会组织。

国家机关以外的组织可以作为单位会员加入社会团体。

第三条　成立社会团体，应当经其业务主管单位审查同意，并依照本条例的规定进行登记。

社会团体应当具备法人条件。

下列团体不属于本条例规定登记的范围：

（一）参加中国人民政治协商会议的人民团体；

（二）由国务院机构编制管理机关核定，并经国务院批准免于登记的团体；

（三）机关、团体、企业事业单位内部经本单位批准成立、在本单位内部活动的团体。

第四条 社会团体必须遵守宪法、法律、法规和国家政策，不得反对宪法确定的基本原则，不得危害国家的统一、安全和民族的团结，不得损害国家利益、社会公共利益以及其他组织和公民的合法权益，不得违背社会道德风尚。

社会团体不得从事营利性经营活动。

第五条 国家保护社会团体依照法律、法规及其章程开展活动，任何组织和个人不得非法干涉。

第六条 国务院民政部门和县级以上地方各级人民政府民政部门是本级人民政府的社会团体登记管理机关（以下简称登记管理机关）。

国务院有关部门和县级以上地方各级人民政府有关部门、国务院或者县级以上地方各级人民政府授权的组织，是有关行业、学科或者业务范围内社会团体的业务主管单位（以下简称业务主管单位）。

法律、行政法规对社会团体的监督管理另有规定的，依照有关法律、行政法规的规定执行。

第二章 管 辖

第七条 全国性的社会团体，由国务院的登记管理机关负责登记管理；地方性的社会团体，由所在地人民政府的登记管理机关负责登记管理；跨行政区域的社会团体，由所跨行政区域的共同上一级人民政府的登记管理机关负责登记管理。

第八条 登记管理机关、业务主管单位与其管辖的社会团体的住所不在一地的，可以委托社会团体住所地的登记管理机关、业务主管单位负责委托范围内的监督管理工作。

第三章 成立登记

第九条 申请成立社会团体，应当经其业务主管单位审查同意，由发起人向登记管理机关申请登记。

筹备期间不得开展筹备以外的活动。

第十条 成立社会团体，应当具备下列条件：

（一）有50个以上的个人会员或者30个以上的单位会员；个人会员、单位会员混合组成的，会员总数不得少于50个；

（二）有规范的名称和相应的组织机构；

（三）有固定的住所；

（四）有与其业务活动相适应的专职工作人员；

（五）有合法的资产和经费来源，全国性的社会团体有10万元以上活动资金，地方性的社会团体和跨行政区域的社会团体有3万元以上活动资金；

（六）有独立承担民事责任的能力。

社会团体的名称应当符合法律、法规的规定，不得违背社会道德风尚。社会团体的名称应当与其业务范围、成员分布、活动地域相一致，准确反映其特征。全国性的社会团体的名称冠以“中国”、“全国”、“中华”等字样的，应当按照国家有关规定经过批准，地方性的社会团体的名称不得冠以“中国”、“全国”、“中华”等字样。

第十一条 申请登记社会团体，发起人应当向登记管理机关提交下列文件：

（一）登记申请书；

（二）业务主管单位的批准文件；

（三）验资报告、场所使用权证明；

（四）发起人和拟任负责人的基本情况、身份证明；

（五）章程草案。

第十二条 登记管理机关应当自收到本条例第十一条所列全部有效文件之日起60日内，作出准予或者不予登记的决定。准予登记的，发给《社会团体法人登记证书》；不予登记的，应当向发起人说明理由。

社会团体登记事项包括：名称、住所、宗旨、业务范围、活动地域、法定代表人、活动资金和业务主管单位。

社会团体的法定代表人，不得同时担任其他社会团体的法定代表人。

第十三条 有下列情形之一的，登记管理机关不予登记：

（一）有根据证明申请登记的社会团体的宗旨、业务范围不符合本条例第四条的规定的；

（二）在同一行政区域内已有业务范围相同或者相似的社会团体，没有必要成立的；

（三）发起人、拟任负责人正在或者曾经受到剥夺政治权利的刑事处罚，或者不具有完全民事行为能力的；

（四）在申请筹备时弄虚作假的；

（五）有法律、行政法规禁止的其他情形的。

第十四条 社会团体的章程应当包括下列事项：

（一）名称、住所；

（二）宗旨、业务范围和活动地域；

（三）会员资格及其权利、义务；

（四）民主的组织管理制度，执行机构的产生程序；

（五）负责人的条件和产生、罢免的程序；

（六）资产管理和使用的原则；

（七）章程的修改程序；

（八）终止程序和终止后资产的处理；

（九）应当由章程规定的其他事项。

第十五条 依照法律规定，自批准成立之日起即具有法人资格的社会团体，应当自批准成立之日起 60 日内向登记管理机关提交批准文件，申领《社会团体法人登记证书》。登记管理机关自收到文件之日起 30 日内发给《社会团体法人登记证书》。

第十六条 社会团体凭《社会团体法人登记证书》申请刻制印章，开立银行账户。社会团体应当将印章式样和银行账号报登记管理机关备案。

第十七条 社会团体的分支机构、代表机构是社会团体的组成部分，不具有法人资格，应当按照其所属于的社会团体的章程所规定的宗旨和业务范围，在该社会团体授权的范围内开展活动、发展会员。社会团体的分支机构不得再设立分支机构。

社会团体不得设立地域性的分支机构。

第四章 变更注销

第十八条 社会团体的登记事项需要变更的，应当自业务主管单位审查同意之日起 30 日内，向登记管理机关申请变更登记。

社会团体修改章程，应当自业务主管单位审查同意之日起 30 日内，报登记管理机关核准。

第十九条 社会团体有下列情形之一的，应当在业务主管单位审查同意后，向登记管理机关申请注销登记：

（一）完成社会团体章程规定的宗旨的；

（二）自行解散的；

（三）分立、合并的；

（四）由于其他原因终止的。

第二十条 社会团体在办理注销登记前，应当在业务主管单位及其他有关机关的指导下，成立清算组织，完成清算工作。清算期间，社会团体不得开展清算以外的活动。

第二十一条 社会团体应当自清算结束之日起15日内向登记管理机关办理注销登记。办理注销登记，应当提交法定代表人签署的注销登记申请书、业务主管单位的审查文件和清算报告书。

登记管理机关准予注销登记的，发给注销证明文件，收缴该社会团体的登记证书、印章和财务凭证。

第二十二条 社会团体处分注销后的剩余财产，按照国家有关规定办理。

第二十三条 社会团体成立、注销或者变更名称、住所、法定代表人，由登记管理机关予以公告。

第五章 监督管理

第二十四条 登记管理机关履行下列监督管理职责：

（一）负责社会团体的成立、变更、注销的登记；

（二）对社会团体实施年度检查；

（三）对社会团体违反本条例的问题进行监督检查，对社会团体违反本条例的行为给予行政处罚。

第二十五条 业务主管单位履行下列监督管理职责：

（一）负责社会团体成立登记、变更登记、注销登记前的审查；

（二）监督、指导社会团体遵守宪法、法律、法规和国家政策，依据其章程开展活动；

（三）负责社会团体年度检查的初审；

（四）协助登记管理机关和其他有关部门查处社会团体的违法行为；

（五）会同有关机关指导社会团体的清算事宜。

业务主管单位履行前款规定的职责，不得向社会团体收取费用。

第二十六条 社会团体的资产来源必须合法，任何单位和个人不得侵占、私分或者挪用社会团体的资产。

社会团体的经费，以及开展章程规定的活动按照国家有关规定所取得的合法收入，必须用于章程规定的业务活动，不得在会员中分配。

社会团体接受捐赠、资助，必须符合章程规定的宗旨和业务范围，必须根据与捐赠人、资助人约定的期限、方式和合法用途使用。社会团体应当向业务主管单位报告接受、使用捐赠、资助的有关情况，并应当将有关情况以适当方式向社会公布。

社会团体专职工作人员的工资和保险福利待遇，参照国家对事业单位的有关规定执行。

第二十七条 社会团体必须执行国家规定的财务管理制度，接受财政部门的监督；资产来源属于国家拨款或者社会捐赠、资助的，还应当接受审计机关的监督。

社会团体在换届或者更换法定代表人之前，登记管理机关、业务主管单位应当组织对其进行财务审计。

第二十八条 社会团体应当于每年3月31日前向业务主管单位报送上一年度的工作报告，经业务主管单位初审同意后，于5月31日前报送登记管理机关，接受年度检查。工作报告的内容包括：本社会团体遵守法律法规和国家政策的情况、依照本条例履行登记手续的情况、按照章程开展活动的情况、人员和机构变动的情况以及财务管理的情况。

对于依照本条例第十七条的规定发给《社会团体法人登记证书》的社会团体，登记管理机关对其应当简化年度检查的内容。

第六章　罚　　则

第二十九条　社会团体在申请登记时弄虚作假，骗取登记的，或者自取得《社会团体法人登记证书》之日起 1 年未开展活动的，由登记管理机关予以撤销登记。

第三十条　社会团体有下列情形之一的，由登记管理机关给予警告，责令改正，可以限期停止活动，并可以责令撤换直接负责的主管人员；情节严重的，予以撤销登记；构成犯罪的，依法追究刑事责任：

（一）涂改、出租、出借《社会团体法人登记证书》，或者出租、出借社会团体印章的；

（二）超出章程规定的宗旨和业务范围进行活动的；

（三）拒不接受或者不按照规定接受监督检查的；

（四）不按照规定办理变更登记的；

（五）违反规定设立分支机构、代表机构，或者对分支机构、代表机构疏于管理，造成严重后果的；

（六）从事营利性的经营活动的；

（七）侵占、私分、挪用社会团体资产或者所接受的捐赠、资助的；

（八）违反国家有关规定收取费用、筹集资金或者接受、使用捐赠、资助的。

前款规定的行为有违法经营额或者违法所得的，予以没收，可以并处违法经营额 1 倍以上 3 倍以下或者违法所得 3 倍以上 5 倍以下的罚款。

第三十一条 社会团体的活动违反其他法律、法规的，由有关国家机关依法处理；有关国家机关认为应当撤销登记的，由登记管理机关撤销登记。

第三十二条 筹备期间开展筹备以外的活动，或者未经登记，擅自以社会团体名义进行活动，以及被撤销登记的社会团体继续以社会团体名义进行活动的，由登记管理机关予以取缔，没收非法财产；构成犯罪的，依法追究刑事责任；尚不构成犯罪的，依法给予治安管理处罚。

第三十三条 社会团体被责令限期停止活动的，由登记管理机关封存《社会团体法人登记证书》、印章和财务凭证。

社会团体被撤销登记的，由登记管理机关收缴《社会团体法人登记证书》和印章。

第三十四条 登记管理机关、业务主管单位的工作人员滥用职权、徇私舞弊、玩忽职守构成犯罪的，依法追究刑事责任；尚不构成犯罪的，依法给予行政处分。

第七章 附 则

第三十五条 《社会团体法人登记证书》的式样由国务院民政部门制定。

对社会团体进行年度检查不得收取费用。

第三十六条 本条例施行前已经成立的社会团体，应当自本条例施行之日起 1 年内依照本条例有关规定申请重新登记。

第三十七条 本条例自发布之日起施行。1989 年 10 月 25 日国务院发布的《社会团体登记管理条例》同时废止。

民办非企业单位登记管理暂行条例

（1998 年 9 月 25 日国务院第 8 次常务会议通过　1998 年 10 月 25 日国务院令第 251 号发布）

第一章　总　　则

第一条　为了规范民办非企业单位的登记管理，保障民办非企业单位的合法权益，促进社会主义物质文明、精神文明建设，制定本条例。

第二条　本条例所称民办非企业单位，是指企业事业单位、社会团体和其他社会力量以及公民个人利用非国有资产举办的，从事非营利性社会服务活动的社会组织。

第三条　成立民办非企业单位，应当经其业务主管单位审查同意，并依照本条例的规定登记。

第四条　民办非企业单位应当遵守宪法、法律、法规和国家政策，不得反对宪法确定的基本原则，不得危害国家的统一、安全和民族的团结，不得损害国家利益、社会公共利益以及其他社会组织和公民的合法权益，不得违背社会道德风尚。

民办非企业单位不得从事营利性经营活动。

第五条　国务院民政部门和县级以上地方各级人民政府民政部门是本级人民政府的民办非企业单位登记管理机关（以下简称登记管理机关）。

国务院有关部门和县级以上地方各级人民政府的有关部门、国务院或者县级以上地方各级人民政府授权的组织，是有关行业、业务范围内民办非企业单位的业务主管单位（以下简称业务主管单位）。

法律、行政法规对民办非企业单位的监督管理另有规定的，依照有关法律、行政法规的规定执行。

第二章 管　　辖

第六条 登记管理机关负责同级业务主管单位审查同意的民办非企业单位的登记管理。

第七条 登记管理机关、业务主管单位与其管辖的民办非企业单位的住所不在一地的，可以委托民办非企业单位住所地的登记管理机关、业务主管单位负责委托范围内的监督管理工作。

第三章 登　　记

第八条 申请登记民办非企业单位，应当具备下列条件：

（一）经业务主管单位审查同意；

（二）有规范的名称、必要的组织机构；

（三）有与其业务活动相适应的从业人员；

（四）有与其业务活动相适应的合法财产；

（五）有必要的场所。

民办非企业单位的名称应当符合国务院民政部门的规定，不得冠以“中国”、“全国”、“中华”等字样。

第九条 申请民办非企业单位登记，举办者应当向登记管理机关提交下列文件：

（一）登记申请书；

（二）业务主管单位的批准文件；

（三）场所使用权证明；

（四）验资报告；

（五）拟任负责人的基本情况、身份证明；

（六）章程草案。

第十条 民办非企业单位的章程应当包括下列事项：

（一）名称、住所；

（二）宗旨和业务范围；

（三）组织管理制度；

（四）法定代表人或者负责人的产生、罢免的程序；

（五）资产管理和使用的原则；

（六）章程的修改程序；

（七）终止程序和终止后资产的处理；

（八）需要由章程规定的其他事项。

第十一条 登记管理机关应当自收到成立登记申请的全部有效文件之日起60日内作出准予登记或者不予登记的决定。

有下列情形之一的，登记管理机关不予登记，并向申请人说明理由：

（一）有根据证明申请登记的民办非企业单位的宗旨、业务范围不符合本条例第四条规定的；

（二）在申请成立时弄虚作假的；

（三）在同一行政区域内已有业务范围相同或者相似的民办非企业单位，没有必要成立的；

（四）拟任负责人正在或者曾经受到剥夺政治权利的刑事处罚，或者不具有完全民事行为能力的；

（五）有法律、行政法规禁止的其他情形的。

第十二条 准予登记的民办非企业单位，由登记管理机关登记民办非企业单位的名称、住所、宗旨和业务范围、法定代表人或者负责人、开办资金、业务主管单位，并根据其依法承担民事责任的不同方式，分别发给《民办非企业单位（法人）登记证书》、《民办非企业单位（合伙）登记证书》、《民办非企业单位（个体）登记证书》。

依照法律、其他行政法规规定，经有关主管部门依法审核或者登记，已经取得相应的执业许可证书的民办非企业单位，登记管理机关应当简化登记手续，凭有关主管部门出具的执业许可证明文件，发给相应的民办非企业单位登记证书。

第十三条 民办非企业单位不得设立分支机构。

第十四条 民办非企业单位凭登记证书申请刻制印章，开立银行账户。民办非企业单位应当将印章式样、银行账号报登记管理机关备案。

第十五条 民办非企业单位的登记事项需要变更的，应当自业务主管单位审查同意之日起 30 日内，向登记管理机关申请变更登记。

民办非企业单位修改章程，应当自业务主管单位审查同意之日起 30 日内，报登记管理机关核准。

第十六条 民办非企业单位自行解散的，分立、合并的，或者由于其他原因需要注销登记的，应当向登记管理机关办理注销登记。

民办非企业单位在办理注销登记前，应当在业务主管单位和其他有关机关的指导下，成立清算组织，完成清算工作。清算期间，民办非企业单位不得开展清算以外的活动。

第十七条 民办非企业单位法定代表人或者负责人应当自完成清算之日起 15 日内，向登记管理机关办理注销登记。办理注销登记，须提交注销登记申请书、业务主管单位的审查文件和清算报告。

登记管理机关准予注销登记的，发给注销证明文件，收缴登记证书、印章和财务凭证。

第十八条 民办非企业单位成立、注销以及变更名称、住所、法定代表人或者负责人，由登记管理机关予以公告。

第四章 监督管理

第十九条 登记管理机关履行下列监督管理职责：

（一）负责民办非企业单位的成立、变更、注销登记；

（二）对民办非企业单位实施年度检查；

（三）对民办非企业单位违反本条例的问题进行监督检查，对民办非企业单位违反本条例的行为给予行政处罚。

第二十条 业务主管单位履行下列监督管理职责：

（一）负责民办非企业单位成立、变更、注销登记前的审查；

（二）监督、指导民办非企业单位遵守宪法、法律、法规和国家政策，按照章程开展活动；

（三）负责民办非企业单位年度检查的初审；

（四）协助登记管理机关和其他有关部门查处民办非企业单位的违法行为；

（五）会同有关机关指导民办非企业单位的清算事宜。

业务主管单位履行前款规定的职责，不得向民办非企业单位收取费用。

第二十一条 民办非企业单位的资产来源必须合法，任何单位和个人不得侵占、私分或者挪用民办非企业单位的资产。

民办非企业单位开展章程规定的活动，按照国家有关规定取得的合法收入，必须用于章程规定的业务活动。

民办非企业单位接受捐赠、资助，必须符合章程规定的宗旨和业务范围，必须根据与捐赠人、资助人约定的期限、方式和合法用途使用。民办非企业单位应当向业务主管单位报告接受、使用捐赠、资助的有关情况，并应当将有关情况以适当方式向社会公布。

第二十二条 民办非企业单位必须执行国家规定的财务管理制度，接受财政部门的监督；资产来源属于国家资助或者社会捐赠、资助的，还应当接受审计机关的监督。

民办非企业单位变更法定代表人或者负责人，登记管理机关、业务主管单位应当组织对其进行财务审计。

第二十三条 民办非企业单位应当于每年3月31日前向业务主管单位报送上一年度的工作报告，经业务主管单位初审同意后，于5月31日前报送登记管理机关，接受年度检查。工作报告内容包括：本民办非企业单位遵守法律法规和国家政策的情况、依照本条例履行登记手续的情况、按照章程开展活动的情况、人员和机构变动的情况以及财务管理的情况。

对于依照本条例第十二条第二款的规定发给登记证书的民办非企业单位，登记管理机关对其应当简化年度检查的内容。

第五章 罚 则

第二十四条 民办非企业单位在申请登记时弄虚作假，骗取登记的，或者业务主管单位撤销批准的，由登记管理机关予以撤销登记。

第二十五条 民办非企业单位有下列情形之一的，由登记管理机关予以警告，责令改正，可以限期停止活动；情节严重的，予以撤销登记；构成犯罪的，依法追究刑事责任：

（一）涂改、出租、出借民办非企业单位登记证书，或者出租、出借民办非企业单位印章的；

（二）超出其章程规定的宗旨和业务范围进行活动的；

（三）拒不接受或者不按照规定接受监督检查的；

（四）不按照规定办理变更登记的；

（五）设立分支机构的；

（六）从事营利性的经营活动的；

（七）侵占、私分、挪用民办非企业单位的资产或者所接受的捐赠、资助的；

（八）违反国家有关规定收取费用、筹集资金或者接受使用捐赠、资助的。

前款规定的行为有违法经营额或者违法所得的，予以没收，可以并处违法经营额1倍以上3倍以下或者违法所得3倍以上5倍以下的罚款。

第二十六条 民办非企业单位的活动违反其他法律、法规的，由有关国家机关依法处理；有关国家机关认为应当撤销登记的，由登记管理机关撤销登记。

第二十七条 未经登记，擅自以民办非企业单位名义进行活动的，或者被撤销登记的民办非企业单位继续以民办非企业单位名义进行活动的，由登记管理机关予以取缔，没收非法财产；构成犯罪的，依法追究刑事责任；尚不构成犯罪的，依法给予治安管理处罚。

第二十八条 民办非企业单位被限期停止活动的，由登记管理机关封存其登记证书、印章和财务凭证。

民办非企业单位被撤销登记的，由登记管理机关收缴登记证书和印章。

第二十九条 登记管理机关、业务主管单位的工作人员滥用职权、徇私舞弊、玩忽职守构成犯罪的，依法追究刑事责任；尚不构成犯罪的，依法给予行政处分。

第六章 附 则

第三十条 民办非企业单位登记证书的式样由国务院民政部门制定。

对民办非企业单位进行年度检查不得收取费用。

第三十一条 本条例施行前已经成立的民办非企业单位，应当自本条例实施之日起1年内依照本条例有关规定申请登记。

第三十二条 本条例自发布之日起施行。

上海市促进行业协会发展规定

（2002年10月31日上海市第十一届人民代表大会常务委员会第四十四次会议通过 根据2010年7月30日上海市第十三届人民代表大会常务委员会第二十次会议《关于修改〈上海市促进行业协会发展规定〉的决定》修正）

第一条 为了促进本市行业协会的发展，保障行业协会依法开展活动，规范行业协会的组织和行为，根据有关法律、行政法规，结合本市实际情况，制定本规定。

第二条 本规定所称的行业协会，是指由同业企业以及其他经济组织自愿组成、实行行业服务和自律管理的非营利性社会团体。

第三条 行业协会的宗旨是为会员提供服务，维护会员合法权益，保障行业公平竞争，沟通会员与政府、社会的联系，促进行业经济发展。

行业协会遵循自主办会的原则，实行会务自理，经费自筹。

行业协会的活动应当符合法律、法规以及行业的整体利益和要求，不损害社会公共利益。

行业协会的正常活动受法律保护，任何组织或者个人不得非法干涉。

第四条 各级人民政府应当促进、扶持行业协会的发展，支持行业协会自主办会，依法进行管理，保障行业协会独立开展工作。

市社团登记管理部门和市政府有关工作部门应当按照各自职

责，做好促进行业协会发展的具体工作。

第五条 行业协会按照国家现行行业分类标准设立，也可以按照产品、经营方式、经营环节及服务功能设立。行业协会应当具有全市的行业代表性。

设立行业协会应当制定行业协会章程。行业协会的宗旨、业务范围、组织机构、活动规则以及会员的权利义务等，由行业协会章程规定。

申请设立行业协会的，应当向社团登记管理部门提出，并提交筹备申请书、章程草案等文件。社团登记管理部门在办理登记手续过程中，应当听取相关方面的意见。

第六条 行业协会应当对不同的区域、部门、所有制、经营规模的企业或者其他经济组织设定相同的入会标准，保证其平等的入会权利。

同业的企业或者其他经济组织自愿申请加入行业协会的，经行业协会批准，可以成为该行业协会的会员。

行业协会会员可以自愿退会。对严重违规违约的会员，行业协会也可以依据行业协会章程规定，取消其会员资格。

第七条 行业协会实行会员制。会员大会或者会员代表大会是行业协会的权力机构。行业协会设立理事会，作为会员大会或者会员代表大会的执行机构。行业协会设立秘书处，作为行业协会的办事机构。

行业协会会长、副会长和理事按照行业协会章程规定的方式选举产生。秘书长是行业协会的专职管理人员，由理事会聘任，也可以按照行业协会章程规定的其他方式产生。

第八条 政府有关工作部门的机构、人事和财务应当与行业协会分开，其工作机构不得与行业协会办事机构合署办公。

本市国家机关工作人员不得在行业协会中担任职务。

第九条 行业协会办事机构的专职工作人员应当逐步职业

化。社团登记管理部门应当会同政府有关工作部门指导、帮助行业协会做好专职工作人员的教育培训、职业资格评定、社会保障等工作。

第十条 行业协会可以根据会员需求，组织市场拓展，发布市场信息，推介行业产品或者服务，开展行业培训，提供咨询服务。

第十一条 行业协会可以制订本行业的行规行约，可以向政府有关工作部门提出制订有关技术标准的建议或者参与有关技术标准的制订。

第十二条 行业协会可以对会员之间、会员与非会员之间或者会员与消费者之间就行业经营活动产生的争议事项进行协调，可以对本行业协会与其他行业协会或者其他组织的相关经营事宜进行协调，可以代表本行业参与行业性集体谈判，提出涉及行业利益的意见和建议。

第十三条 行业协会可以根据法律、行政法规的规定，代表行业内相关企业或者其他经济组织向政府有关工作部门提出反倾销调查、反补贴调查或者采取保障措施的申请，协助政府有关工作部门完成相关调查。

行业协会可以参与反倾销的应诉活动。

第十四条 行业协会可以代表本行业向有关国家机关反映涉及行业利益的事项，提出经济政策和立法方面的意见和建议。

第十五条 行业协会对违反行业协会章程或者行规行约、损害行业整体形象的会员，可以按照行业协会章程的规定，采取相应的行业自律措施，并可将有关行业自律措施告知政府有关工作部门。对行业内违法经营的企业或者其他经济组织，行业协会可以建议并协助政府有关工作部门予以查处。

行业协会可以根据需要，制订行业内争议处理的规则和程序。

第十六条 有关国家机关在制订涉及行业利益的地方性法规、规章、公共政策、行政措施、技术标准或者行业发展规划时，应当听取行业协会的意见；制订有关技术标准时，也可以委托行业协会起草。

第十七条 政府有关工作部门应当支持行业协会开展行业服务，并根据实际情况将行业评估论证、技能资质考核、行业调查、行业统计等事项转移或者委托给行业协会承担。

政府有关工作部门将有关工作事项委托给行业协会承担的，应当通过订立合同等方式，建立政府购买服务机制。

第十八条 政府有关工作部门应当为行业协会提供行业信息和咨询，并向国家主管部门反映行业的要求。

政府有关工作部门或者社会组织应当支持行业协会参加反倾销、反补贴、反不正当竞争的有关活动。

第十九条 行业协会可以通过收取会费、接受捐赠、开展服务等途径，筹措活动经费。行业协会的会费标准，由行业协会会员大会或者会员代表大会表决确定。经费使用应当限于行业协会章程规定的范围，并接受会员及政府有关工作部门的监督。

第二十条 行业协会不得通过制订行业规则或者其他方式垄断市场，妨碍公平竞争，损害消费者、非会员企业或者其他经济组织的合法权益、社会公共利益；不得滥用权力，限制会员开展正当的经营活动或者参与其他社会活动；不得在会员之间实施歧视性待遇；不得利用组织优势开展与本行业经营业务相同的经营活动。

行业协会的任何会员不得利用其经营规模、市场份额等优势，限制其他会员在行业协会中发挥作用。

第二十一条 行业协会会员对行业协会实施行业规则、行业自律措施或者其他决定有异议的，可以提请行业协会进行复核，或者依法提请政府有关工作部门处理。

消费者、非会员企业或者其他经济组织认为行业协会的有关措施损害其利益的，可以要求行业协会调整或者变更有关措施，也可以依法提请政府有关工作部门处理或者向人民法院提起诉讼。

第二十二条 市社团登记管理部门应当建立和完善行业协会评估机制以及为行业协会服务的信息系统。

社团登记管理部门和政府有关工作部门应当加强与行业协会的信息沟通。

第二十三条 社团登记管理部门以及政府有关工作部门应当加强对行业协会的指导和服务，为行业协会创造公平、公正的发展环境，保障行业协会依照法律、法规、规章和章程开展活动，并发挥行业协会联合会的作用。

第二十四条 社团登记管理部门以及政府有关工作部门应当依法对行业协会的活动实施监督管理，完善、优化监管体系，规范、改进监管方式。

第二十五条 行业协会应当依照规定接受社团登记管理部门的年度检查。行业协会未依照规定接受年度检查的，由社团登记管理部门给予警告，责令其在规定的期限内接受年度检查；逾期未接受年度检查的，社团登记管理部门可以向社会公告，自公告之日起六个月内仍不接受年度检查的，社团登记管理部门可以予以撤销登记。

第二十六条 以企业为会员的协会、商会，由鉴证类市场中介机构组成的行业协会，法律、法规规定单位或者执业人员应当加入的行业协会，参照适用本规定。

第二十七条 本规定自 2003 年 2 月 1 日起施行。

后　记

本书是《公司法研究》丛书之十一。它是在上海市法学会为指导单位，由上海社会科学院法学研究所和上海国际商务法律研究会主办，上海汇业律师事务所和上海天尚律师所承办的“推进我国行业协会商会自律法制建设学术研讨会”的研讨成果基础上，组织我国和日本有关专家学者研写而成的。

“推进我国行业协会商会自律法制建设学术研讨会”是全国人大宪法和法律委员会李飞主任委员根据党的十九大“政事分开、事企分开、管办分开”的精神，在 2017 年举行的“商事制度改革与企业诚信经营法制建设研究”的基础上提出来的，作为 2018 年第 24 届公司法系列研究的主题。

研讨会于 2018 年 4 月 14 日在上海社会科学院举行，为期一天。全国人大宪法和法律委员会李飞主任委员、民政部社会组织管理局廖鸿副局长、上海市社会团体管理局曾永和副局长、上海市人大常委会原副秘书长钱富兴等领导莅会一并研讨。

为提高本书的理论水准和实用价值，本次会议及本书筹备人黄来纪等又作了补充调研和组稿。在此，我们对大力支持本研讨会举办和本书研写的上海市人大常委会原副秘书长钱富兴和各位专家学者，特别是上海交通大学徐家良教授、武汉大学江国华、中国证券投资基金业协会洪磊会长等无私提供研究成果表示衷心的感谢。同时，我们要感谢王钰和王弘道老师拍摄的高质量摄影照片，感谢覃林喜、周琦、陈丽荣、王蔚娟、金静芳、阮志平、吕景良等老师对编辑本书付出的辛勤劳动。

本书除序言外，由“行业协会商会自律理论问题研究、行业协会商会自律立法问题研究、行业协会商会自律规范实施问题研究、中外行业协会商会自律法制建设问题比较研究”四章组成。为提高本书的可行性及可操作性。书后还列有有关行业协会商会自律建设的法规等。

需要说明的是，本书各文均为作者个人之见，不代表编者见解。

由于编者学术水平有限，书中的不到之处，多请读者雅正！

编　者

2018 年 9 月 9 日